100 Rezepte Obstkuchen

100 Rezepte Obstkuchen

VORWORT

Obstzeit – Kuchenzeit! Der Start in die bunte Welt unserer Obstkuchen beginnt nicht an einem bestimmten Tag im Jahr. Wenn man den Saisonkalender für Obst ansieht, so stellt man fest, dass – in unserer modernen, technisch geprägten Zeit – Obst mittlerweile das ganze Jahr Saison hat. Gerade in der kalten Jahreszeit, von November bis März, können wir auf eine Vielzahl Früchte aus fernen Ländern zurückgreifen. Die Obsttheken in den Supermärkten und die Ladentische der Gemüse- und Obsthändler sind bunt gefüllt mit den köstlichsten exotischen Früchten.

Ab April beginnt dann bereits die Saison der europäischen Obstsorten. Erdbeeren und Himbeeren haben schon bald Hauptsaison. Ab Mai bis Oktober können Sie dann auf unser heimisches Obst zurückgreifen. Bei der Zubereitung unserer Obstkuchen und -torten gilt jetzt ganz einfach: Verwenden Sie das Obst, das Sie am liebsten mögen. Unsere Rezepte sollen Anregung, aber kein Muss sein. Lassen Sie Ihrer Fantasie freien Lauf, damit Ihre Obstkuchen-Backstube zum Versuchslabor köstlicher Backkunst wird.

Frische Früchte erfordern eine sorgfältige Behandlung. Schon beim Einkauf achten Sie darauf, dass sie keine Druckstellen oder dunklen Flecken aufweisen. Überprüfen Sie die Schalen mit Beerenobst besonders gründlich: Ausgetretener Fruchtsaft ist ein Zeichen dafür, dass die Beeren schon längere Zeit liegen. Obst sollte beim Einkauf ausgereift sein, denn nur dann ist das Aroma gewährleistet. Unreife Früchte sind hart und schmecken nicht.

Nach dem Einkauf wird frisches Obst möglichst schnell verbraucht. Es wird sorgfältig verlesen und gründlich gewaschen. Beerenobst wird nur kurz mit kaltem Wasser abgebraust und nach dem Waschen trocken getupft. Für ein Kompott lässt man die Früchte mit wenig Wasser und Zucker in einem Topf einige Minuten zugedeckt bei mäßiger Hitze köcheln. Anschließend gießt man sie in ein Sieb, damit sie gut abtropfen können. Der Fruchtsaft wird aufgefangen und zur Zubereitung einer Fruchtfüllung oder für einen Guss verwendet.

Obstkuchen werden von allen Generationen geliebt und sind der Hit beim sonntäglichen Kaffeeklatsch oder auf dem Kuchenbüfett. Die Zubereitung eines saftigen Obstkuchens nimmt zwar etwas mehr Zeit in Anspruch als ein Rührkuchen, die Mühe lohnt sich aber, denn der Geschmack ist unübertrefflich.

Obstkuchen können Sie sowohl in der Springform als auch auf dem Blech backen. Wichtig ist nur, dass Sie auf beste Qualität bei den Zutaten achten. Milch und Milchprodukte, die für die Herstellung z. B. eines Käsekuchens benötigt werden, sind leicht verderbliche Lebensmittel, verwenden Sie sie deshalb immer möglichst bald nach dem Einkauf.

Wir wünschen Ihnen viel Freude und Erfolg beim Ausprobieren und Nachbacken, vor allem aber beim Genießen. Verführen Sie Ihre Lieben und Ihre Gäste nach Herzenslust und verbringen Sie unvergessliche Stunden in geselliger Runde an der Kaffeetafel.

Ihre Redaktion

EINLEITUNG

Tipps und Tricks für köstliche Obstkuchen und -torten

Neue Backbleche und Formen sollten Sie vor dem ersten Gebrauch mit heißem Wasser ausspülen und abtrocknen. Danach mit Öl einfetten und etwa 30 Minuten bei 220 °C leer einbacken.

Um Ihren selbst gebackenen Kuchen heil aus der Backform lösen zu können, sollten Sie die Form vor dem Gebrauch mit Margarine oder Butter gut einfetten. (Das funktioniert am besten mit einem Backpinsel.) Anschließend streuen Sie die Form mit etwas Semmelbröseln, Mehl, Grieß oder auch gemahlenen Mandeln oder Haselnusskernen aus. Durch ein Klopfen auf die umgedrehte Form entfernen Sie die überschüssige Streumasse. Wenn sich ein Kuchen mal nicht aus der Backform lösen lässt, sollten Sie die gesamte Form mit einem kalten, nassen Tuch umlegen und kurze Zeit stehen lassen. Dann lässt sich der Kuchen leichter mit einem Messer vom Rand lockern und aus der Form stürzen.

Beim Kuchenbacken kommt es auf die richtige Schiene im Backofen genauso an wie auf den gut gekneteten oder gerührten Teig. Hohe Kuchen schiebt man zum Backen auf die unterste Schiene, mittelhohe auf die mittlere und niedrige Kuchen auf die oberste Schiene. Nur so hat das Gebäck die optimale Temperatur.

Ist der Backofen zu heiß, stellen Sie eine Schüssel mit kaltem Wasser hinein. Dieser Trick funktioniert auch, wenn der Kuchen zu viel Oberhitze bekommt.

Backpapier verrutscht nicht auf dem Blech, wenn Sie es vor dem Auflegen auf der Unterseite leicht einfetten.

Eine Springform legt man mit Backpapier aus, indem man ein ausreichend großes Stück Backpapier auf den Boden der Form legt und den Springformrand dann um den Boden herumklemmt. Überstehendes Papier wird abgeschnitten. Für das Auslegen einer Kastenform stellt man die Form auf ein ausreichend großes Stück Backpapier und klappt das Papier an den Schmal- und Längsseiten hoch. Die so entstandene Maske wird in die Form gedrückt und die überstehenden Teile werden abgeschnitten.

Ist ein Rührkuchen bereits angefangen und man stellt fest, dass kein Backpulver im Haus ist, gibt man drei bis vier Esslöffel Rum in den Teig. Alkohol treibt den Teig fast so wie Backpulver.

Kleingebäck mit Backpulver wird noch besser, bräunt man die Butter für den Teig leicht an.

Baiserkuchen und -torten lassen sich besser schneiden, streut man etwas Zucker auf die Baisermasse. Baiserhauben lassen sich ohne zu splittern schneiden, wenn man die Messerklinge mit etwas Fett bestreicht.

Vanillepuddingpulver anstelle von Speisestärke macht den Biskuit nicht nur schön luftig, sondern gibt ihm auch ein feines Aroma und eine goldgelbe Farbe.

Den Rand der Springform darf man beim Backen von Biskuittorten nicht einfetten, da sich die Torte sonst in der Mitte wölbt.

Einen fertig gebackenen Biskuitboden löst man aus einer Springform, indem man zuerst den Formrand entfernt. Das klappt am besten, wenn die Form zuvor mit Backpapier ausgelegt wurde. Nun legt man ein Kuchengitter auf den Biskuit und wendet diesen. Anschließend entfernt man den Boden der Springform und zieht das Backpapier vorsichtig ab.

Biskuitböden, die aufgrund zu langer Lagerung trocken geworden sind, tränkt man mit etwas Orangensaft oder Zitronenwasser, so werden sie wieder schön weich.

Geronnene Buttercreme erhitzt man im Wasserbad und schlägt sie mit dem Handrührgerät kräftig auf. Ein geschmolzener, langsam untergerührter Würfel Kokosfett hilft ebenso. Auch etwas Sahnesteif macht die Creme wieder glatt.

Dosenobst bleibt für Obstkuchen besser in Form, wenn es nach dem Abtropfen in Puderzucker gewälzt wird. Damit der Kuchen dann nicht zu süß wird, lieber auf den Zucker für den Tortenguss verzichten.

Verwenden Sie zum Backen unbedingt mittelgroße Eier (Gewichtsklasse M), sonst stimmt das Verhältnis der Zutaten nicht überein.

Eidotter für einen Kuchenteig sollten grundsätzlich schaumig geschlagen werden. Das gelingt gut, wenn Sie einige Tropfen Essig dazugeben. Eigelb zum Bestreichen lässt sich gleichmäßiger verteilen, wenn es zuvor mit etwas Wasser verdünnt wird.

Eier für Rührteig temperiert man für einige Minuten in warmem Wasser.

Eier beim Backen nie direkt in den Teig geben, sondern erst in eine Tasse schlagen. Sonst müssen Sie alles wegwerfen, falls auch nur eines der Eier verdorben ist.

Eischnee wird besonders fest, wenn Sie das Eiweiß mit etwas Stärkemehl oder Puderzucker aufschlagen und ein paar Tropfen Zitronensaft zugeben. Mit einer Prise Salz wird das Eiweiß beim Schlagen schneller steif.

Ist das Gebäck zu blass, verpassen Sie ihm eine Farbkur: Ein Eigelb entweder mit zwei Esslöffeln Milch, Sahne oder Wasser verquirlen, den Kuchen damit bestreichen und kurz aufbacken.

Aufgelöste Gelatine klumpt nicht, wenn die Masse oder Flüssigkeit, die damit angedickt wird, Zimmertemperatur hat.

Hefe soll frisch sein. Wenn man nicht weiß, ob die Hefe noch gut ist, gibt man ein kleines Stück in heißes Wasser. Sinkt die Hefe zu Boden, ist sie nicht mehr zu verwenden.

Ist der Kuchen zu braun geworden, entfernt man die dunklen Teile mit einem Reibeisen und überzieht den Kuchen dann mit Puderzucker oder einer Glasur.

Kuchenteig bleibt nicht am Teigroller kleben, wenn der Roller eine Stunde vor Gebrauch ins Tiefkühlfach gelegt wird.

Hat man keinen Teigroller, kann man eine Flasche zum Ausrollen des Teiges nehmen. Vorher müssen jedoch alle Etiketten sauber von der Flasche abgelöst werden.

Kuchenteig muss immer in der gleichen Richtung gerührt werden. Durch einen Wechsel wird das spätere Aufgehen oder Gären gefährdet.

Puderzucker streicht man durch ein feines Sieb, wenn er klumpig geworden ist.

Zum leichteren Einfüllen der Masse in den Spritzbeutel stecken Sie ihn in ein leeres, hohes Gefäß, schlagen den Rand um und füllen die Spritzmasse mit dem Gummischaber ein.

So teilen Sie einen Tortenboden in zwei Platten: Ritzen Sie den Boden am Rand ringsum gleichmäßig ein, legen Sie einen Bindfaden in die Schnittlinie und ziehen Sie die Enden des Fadens über Kreuz zusammen.

Runde Zitronen mit glatter Schale sind saftiger als längliche Früchte. Legen Sie Zitronen vor dem Auspressen in heißes Wasser, sie sind dann ergiebiger.

100 Rezepte
Obstkuchen

Pflaumenkuchen mit Nussbaiser

Für 16 Stücke:

Für den Mürbeteig:
200 g Mehl
1 Ei
100 g Zucker
1 Päckchen Vanillezucker
100 g Butter

Außerdem:
Fett für die Form
Semmelbrösel zum Ausstreuen
7 Eiweiß
300 g Zucker
125 g geschälte, gemahlene Nüsse oder Mandeln
60 g Grieß
1 Päckchen Vanillearoma
500 g Pflaumenspalten
Puderzucker zum Bestäuben
2 EL gehackte Nüsse zum Bestreuen
Pflaumenspalten und Minze zum Verzieren

1. Das Mehl auf eine Arbeitsfläche sieben, eine Mulde eindrücken und das Ei hineingeben.

2. Den Zucker und den Vanillezucker darüberstreuen, die Butter in Flöckchen auf das Mehl setzen und die Zutaten mit bemehlten Händen von außen nach innen schnell zu einem glatten, kompakten Teig verkneten.

3. Den Teig in Klarsichtfolie wickeln und im Kühlschrank mindestens eine Stunde ruhen lassen.

4. Den Teig auf einer bemehlten Arbeitsfläche in der Größe einer Springform (26 cm Durchmesser) ausrollen, in die gefettete, mit Semmelbröseln ausgestreute Form legen und einen Rand hochziehen.

5. Die Eiweiße sehr steif schlagen. Anschließend den Zucker einrieseln lassen und weiterschlagen, bis sich der Zucker vollständig aufgelöst hat. Die gemahlenen Nüsse oder Mandeln, den Grieß und das Vanillearoma vermischen und unterheben.

6. Die Pflaumenspalten unterheben, die Baisermasse in die Form füllen, glatt streichen und den Kuchen im auf 170 °C vorgeheizten Backofen ca. 55 Minuten backen.

7. Den fertig gebackenen Kuchen aus dem Backofen nehmen, in der Form auskühlen lassen, aus der Form nehmen, auf ein Kuchengitter setzen und erkalten lassen.

8. Den Pflaumenkuchen auf eine Tortenplatte setzen, mit Puderzucker bestäuben, mit gehackten Nüssen bestreuen, mit Pflaumenspalten und Minze verzieren und bis zum Verzehr kühl stellen.

Früchtekuchen

Für 12–14 Stücke:

Für den Rührteig:
125 g Butter, 125 g Zucker
1 Päckchen Vanillezucker
3 Eier, 250 g Mehl
2 gestrichene TL Backpulver
50 ml Amaretto
75 g geröstete Mandelblättchen
Fett für die Form
25 g leicht zerdrückte Mandelblättchen zum Bestreuen

Für die Creme:
250 g Mascarpone, 100 g Zucker
1 Päckchen Vanillezucker
6 Blatt weiße Gelatine
125 ml Weißwein
600 ml Sahne, 4 cl Amaretto

Außerdem:
100 g Himbeeren, 4 Pfirsichhälften
frische Beeren, Pfirsichspalten und Minze zum Verzieren

1. Die Butter mit dem Zucker und dem Vanillezucker in eine Schüssel geben und mit den Schneebesen des Handrührgerätes schaumig schlagen. Die Eier einzeln nach und nach unterrühren.

2. Das Mehl mit dem Backpulver vermischen, auf die Creme sieben und mit dem Amaretto und den Mandelblättchen unterrühren.

3. Eine Springform (26 cm Durchmesser) ausfetten, den Rand und den Boden mit Mandelblättchen bestreuen, den Teig einfüllen und glatt streichen. Den Kuchen im auf 180 °C vorgeheizten Backofen ca. 30 Minuten backen.

4. Den fertig gebackenen Kuchen aus dem Backofen nehmen, in der Form auskühlen lassen, aus der Form nehmen, auf ein Kuchengitter setzen und erkalten lassen. Den Kuchen oben gerade schneiden, auf eine Tortenplatte setzen und mit einem Tortenring umschließen.

5. Für die Creme den Mascarpone mit dem Zucker und dem Vanillezucker in einer Schüssel verrühren. Die gut gewässerte Gelatine im erhitzten Weißwein auflösen und mit dem Schneebesen tropfenweise unter die Mascarponecreme rühren.

6. Die Sahne steif schlagen, unter die Mascarponecreme ziehen und zum Schluss den Amaretto einrühren.

7. Die Hälfte der Creme auf den Tortenboden geben und glatt streichen. Die verlesenen Himbeeren und die in Würfel geschnittenen Pfirsichhälften darauf verteilen.

8. Die restliche Mascarponesahne auf die Früchte geben und wolkenartig darauf verstreichen. Den Früchtekuchen im Kühlschrank gut durchkühlen lassen.

9. Den Tortenring anschließend entfernen, die Früchtetorte mit frischen Beeren, Pfirsichspalten und Minze verzieren und bis zum Verzehr kühl stellen.

Marzipankuchen mit Pflaumen

Für 16 Stücke:

Für den Rührteig:
300 g Marzipanrohmasse
100 g Butter, 3 EL Amaretto
1 Päckchen Zitronenaroma
3 Eier, 75 g Mehl, 2 TL Backpulver
Fett für die Form

Für den Belag:
500 ml Wasser
750 g Pflaumenspalten
150 g Pflaumenmarmelade
1 Päckchen Tortenguss klar
2 EL Zucker

Außerdem:
75 g Krokant zum Bestreuen
Lavendel zum Verzieren

1. Die Marzipanrohmasse in kleine Würfel schneiden, mit der Butter, dem Amaretto und dem Zitronenaroma in einer Schüssel verrühren. Die Eier dazugeben und so lange schlagen, bis sich das Marzipan aufgelöst hat.

2. Das Mehl mit dem Backpulver vermischen, auf die Marzipancreme sieben und unterrühren.

3. Den Teig in eine ausgefettete Springform (26 cm Durchmesser) füllen, glatt streichen und im auf 180 °C vorgeheizten Backofen ca. 40 Minuten backen.

4. Das Wasser in einem Topf zum Kochen bringen, die Pflaumenspalten dazugeben und eine Minute kochen lassen. Die Pflaumen vom Herd nehmen und abkühlen lassen.

5. Die Pflaumen abgießen, gut abtropfen lassen und den Saft dabei auffangen.

6. Den fertig gebackenen Kuchen aus dem Backofen nehmen, in der Form auskühlen lassen, aus der Form nehmen, auf ein Kuchengitter setzen und erkalten lassen.

7. Den Kuchen auf eine Tortenplatte legen und mit einem Tortenring umschließen. Mit zwei Dritteln der Pflaumenmarmelade bestreichen und mit den abgetropften Pflaumen belegen.

8. Den Tortenguss mit dem Zucker und 250 ml Pflaumensaft nach Packungsanweisung zubereiten und gleichmäßig über den Pflaumen verteilen. Den Guss fest werden lassen und den Tortenring entfernen.

9. Den Kuchenrand mit der restlichen Pflaumenmarmelade bestreichen und mit Krokant bestreuen. Den Marzipankuchen mit Pflaumen mit Lavendel verzieren und bis zum Verzehr kühl stellen.

Versunkener Obstkuchen

Für 12 Stücke:

125 g Butter, 125 g Zucker
1 Päckchen Vanillezucker
3 Eier, 200 g Mehl
2 gestrichene TL Backpulver
1 Dose Fruchtcocktail (400 g)
1 EL Speisestärke
Fett für die Form
Früchte zum Verzieren (Aprikosen, Himbeeren, Pfirsiche, Kirschen)
Puderzucker zum Bestäuben

1. Die Butter mit dem Zucker und dem Vanillezucker in eine Schüssel geben und schaumig schlagen. Die Eier einzeln nach und nach dazugeben und kräftig unterrühren.

2. Das Mehl mit dem Backpulver vermischen, auf die Eicreme sieben und unterziehen.

3. Den Fruchtcocktail gut abtropfen lassen. Speisestärke in ein Sieb geben und über die Früchte streuen, kurz durchmischen und unter den Teig heben. Eine Backform ausfetten, den Teig einfüllen und den Kuchen im auf 180 °C vorgeheizten Backofen 35–40 Minuten backen.

4. Den fertigen Kuchen aus dem Ofen nehmen, in der Form auskühlen lassen, aus der Form nehmen, auf ein Kuchengitter setzen und erkalten lassen. Mit frischen Früchten verzieren, mit Puderzucker bestäuben und bis zum Verzehr kühl stellen.

Joghurt-Beeren-Herz

(ohne Abbildung)

Für 12 Stücke:

Für den Biskuit:
2 Eier, 125 g Zucker
1 Päckchen Vanillezucker
2 EL Wasser, 50 g Mehl
50 g Speisestärke, 1 TL Backpulver
1 EL gemahlene Mandeln

Außerdem:
200 g Himbeeren, 50 g Zucker, Saft von 1 Zitrone, 9 Blatt weiße Gelatine, 500 g Himbeerjoghurt
400 ml Sahne, 200 g Heidelbeeren
400 g Himbeeren
Pfefferminzzweige zum Verzieren

1. Die Eier mit dem Zucker, dem Vanillezucker und dem Wasser in eine Schüssel geben und schaumig schlagen.

2. Das Mehl mit der Speisestärke und dem Backpulver vermischen, auf die Eicreme sieben und mit den gemahlenen Mandeln unterheben.

3. Eine Herzform mit Backpapier auslegen, die Masse einfüllen, glatt streichen und im auf 180 °C vorgeheizten Backofen 25 Minuten backen.

4. Das Herz aus dem Backofen nehmen, erkalten lassen, aus der Form

nehmen, auf eine Tortenplatte legen und das Herz mit einem Herzrahmen umschließen.

5. Die Himbeeren mit dem Zucker und dem Zitronensaft in einem Topf erwärmen. Die gut gewässerte, ausgedrückte Gelatine darin auflösen, vom Herd nehmen und erkalten lassen.

6. Kurz vor dem Festwerden den Himbeerjoghurt unterrühren und die geschlagene Sahne unterziehen.

7. Die Creme auf das Herz geben, glatt streichen und im Kühlschrank – am besten über Nacht – vollständig durchkühlen lassen.

8. Das Herz aus dem Kühlschrank nehmen, den Herzrahmen entfernen und das Herz mit den verlesenen, gewaschenen und gut abgetropften Heidelbeeren und Himbeeren belegen, mit Pfefferminzzweigen verzieren und bis zum Verzehr kühl stellen.

Himbeerkuchen

Für 12 Stücke:

3 Eier, 150 g Zucker
3 EL heißes Wasser, 75 g Mehl
75 g Speisestärke, 2 gestrichene TL Backpulver, 50 g Krokant
150 g Himbeermarmelade
500–750 g Himbeeren
1 Päckchen Tortenguss
Krokant zum Bestreuen
200 ml Sahne
1 Päckchen Sahnesteif, Himbeeren und Zitronenmelisse zum Verzieren

1. Eier, Zucker und Wasser schaumig schlagen. Mehl, Speisestärke und Backpulver vermischen, auf die Eicreme sieben und mit dem Krokant unterheben. Die Masse in eine mit Backpapier ausgelegte Springform (24–26 cm Durchmesser) füllen, glatt streichen und in dem auf 180 °C vorgeheizten Backofen 25–30 Minuten backen.

2. Nach Ende der Backzeit aus dem Ofen nehmen, das Backpapier abziehen und den Biskuit auf einem Kuchengitter erkalten lassen. Die Oberfläche des Biskuits gerade schneiden.

3. Die Marmelade durch ein Sieb passieren, den Biskuit mit zwei Dritteln der Marmelade bestreichen und mit einem Tortenring umschließen. Die Himbeeren verlesen und den Kuchen damit belegen.

4. Den Tortenguss zubereiten und die Himbeeren damit überziehen. Den Guss fest werden lassen, den Tortenring entfernen, den Kuchenrand mit der restlichen Marmelade bestreichen, mit Krokant bestreuen und diesen leicht andrücken.

5. Den Kuchen mit der mit Sahnesteif steif geschlagenen Sahne, Krokant, Himbeeren und Melisse verzieren und servieren.

Birnenblechkuchen

(ohne Abbildung)

Für 16 Stücke:

150 g Butter, 150 g Zucker
1 Päckchen Vanillezucker, 3 Eier
160 g Mehl, 2 gestrichene TL Backpulver, 1 gestrichener EL Kakaopulver, 100 g Vollmilchsschokolade
2 große Dosen Birnen
500 ml Sahne, 2 Päckchen Sahnesteif
2 Päckchen Vanillezucker
Kakaopulver zum Bestäuben

1. Die Teigzutaten in einer Schüssel verrühren. Die Schokolade fein reiben und unterheben.

2. Ein Backblech fetten. Den Teig einfüllen und mit den abgetropften Birnen belegen.

3. Den Kuchen in dem auf 180 °C vorgeheizten Backofen 30–35 Minuten backen, herausnehmen und erkalten lassen.

4. Sahne mit Sahnesteif und Vanillezucker steif schlagen und Rosetten auf den Kuchen spritzen.

5. Den Birnenblechkuchen mit Kakaopulver bestäuben, in Stücke schneiden und servieren.

Kirsch-Zitronen-Wähe

Für 16 Stücke:

Für den Hefeteig:
20 g Frischhefe
6 EL warme Milch
200 g Mehl
50 g Butter
50 g Zucker
1 Päckchen Zitronenaroma
1 Ei
Fett für das Blech

Für den Belag:
300 g Zitronenjoghurt
150 g Zucker
Saft von 1 Zitrone
2 Eier
50 g Speisestärke
2 Gläser Sauerkirschen (à 350 g Abtropfgewicht) oder 1 kg frische, entsteinte Sauerkirschen

Außerdem:
100 g Aprikosenmarmelade
frische Kirschen und Lavendelzweige zum Verzieren
Puderzucker zum Bestäuben

1. Die zerbröckelte Hefe mit der Milch in eine Schüssel geben, auflösen und 10 Minuten gehen lassen.

2. Die restlichen Teigzutaten dazugeben und alles zu einem glatten, kompakten Teig verkneten.

3. Den Teig an einem warmen Ort zugedeckt zur doppelten Menge aufgehen lassen.

4. Anschließend den Teig auf einer bemehlten Arbeitsfläche in der Größe eines Backbleches (30 x 30 cm) ausrollen, den Teig auf das gefettete Backblech legen und einen Rand hochziehen.

5. Den Zitronenjoghurt mit dem Zucker, dem Zitronensaft, den Eiern und der Speisestärke in eine Schüssel geben und glatt rühren.

6. Die Kirschen aus dem Glas gut abtropfen lassen und unter die Joghurtmasse heben. Das Ganze auf den Hefeteig geben und glatt streichen.

7. Die Wähe in dem auf 180 °C vorgeheizten Backofen etwa 45 Minuten backen. Gegen Ende der Backzeit mit Alufolie abdecken, damit die Wähe nicht zu dunkel wird.

8. Die fertig gebackene Wähe aus dem Backofen nehmen und noch warm mit der erhitzten, durch ein Sieb gestrichenen Aprikosenmarmelade bestreichen. Anschließend vollständig erkalten lassen.

9. Die Kirsch-Zitronen-Wähe auf eine Tortenplatte setzen, mit frischen Kirschen garnieren und Lavendel verzieren, mit Puderzucker bestäuben, in Stücke schneiden und servieren.

Mascarpone-Beerenkuchen

Für 12–14 Stücke:

3 Eier, 125 g Zucker, 1 Päckchen Vanillezucker, 3 EL heißes Wasser
75 g Mehl, 75 g Speisestärke
2 gestrichene TL Backpulver
Backpapier für die Form
150 g Erdbeermarmelade
150 g Mascarpone, 500 g Erdbeeren, Brombeeren und Johannisbeeren
1 Päckchen Tortenguss klar
Krokant und Baiser zum Bestreuen

1. Eier, Zucker, Vanillezucker und Wasser schaumig schlagen. Mehl, Speisestärke und Backpulver auf die Eicreme sieben und unterheben. Die Masse in eine mit Backpapier ausgelegte Springform (24–26 cm Durchmesser) füllen, glatt streichen und im auf 180 °C vorgeheizten Backofen 25–30 Minuten backen.

2. Den Biskuit auf einer Tortenplatte erkalten lassen. Die Marmelade durch ein Sieb streichen, den Biskuit damit und mit dem Mascarpone bestreichen und mit einem Tortenring umschließen.

3. Die Beeren verlesen, waschen, abtropfen lassen und den Kuchen damit belegen. Den Tortenguss zubereiten und die Beeren damit überziehen. Den Guss fest werden lassen und den Tortenring entfernen. Den Kuchenrand mit Marmelade bestreichen und mit Krokant bestreuen.

4. Den Beerenkuchen mit grob gehacktem Baiser bestreuen und bis zum Verzehr kühl stellen.

Nuss-Pfirsich-Kuchen

(ohne Abbildung)

Für 16 Stücke:

Für den Mürbeteig:
300 g Mehl
100 g Zucker
200 g Butter, 1 Ei
Fett und Semmelbrösel für das Blech

Für den Belag:
2 Päckchen Vanillepuddingpulver
4 EL Zucker
500 ml Milch
1 Eigelb
200 g gemahlene Haselnüsse
1 kleine Dose Pfirsichhälften

1. Teigzutaten zu einem Mürbeteig verkneten und im Kühlschrank eine Stunde ruhen lassen. Den Teig ausrollen und auf ein gefettetes, mit Bröseln bestreutes Backblech legen.

2. Puddingpulver, Zucker, Milch und Eigelb zu einem Pudding kochen und die Nüsse einrühren.

3. Den Pudding auf den Mürbeteig streichen und mit den in Spalten geschnittenen Pfirsichen belegen. In dem auf 180–200 °C vorgeheizten Ofen 40–50 Minuten backen, herausnehmen, erkalten lassen und bis zum Verzehr kühl stellen.

Versunkener Apfel-Käsekuchen

Für 16 Stücke:

Für den Mürbeteig:
200 g Mehl, 1 Eigelb
120 g Zucker
1 Päckchen Zitronenaroma
150 g Butter
Fett für die Form
Semmelbrösel zum Ausstreuen

Für den Belag:
6 Äpfel, 3 Eier, 225 g Zucker
1 Päckchen Zitronenaroma
1 Päckchen Vanillepuddingpulver
1 kg Quark
200 ml Sahne

Außerdem:
1 EL Puderzucker zum Bestäuben
1 Apfel, 1 TL Zitronensaft
20 g Haselnussblättchen zum Bestreuen

1. Das Mehl auf eine Arbeitsfläche sieben, eine Mulde eindrücken und das Eigelb hineingeben.

2. Den Zucker und das Zitronenaroma darüberstreuen, die Butter in Flöckchen auf das Mehl setzen und die Zutaten mit bemehlten Händen von außen nach innen schnell zu einem glatten, kompakten Teig verkneten.

3. Den Teig in Klarsichtfolie wickeln und im Kühlschrank mindestens eine Stunde ruhen lassen.

4. Den Teig auf einer bemehlten Arbeitsfläche in der Größe einer Springform (26 cm Durchmesser) ausrollen, in die gefettete, mit Semmelbröseln ausgestreute Form legen und einen Rand hochziehen.

5. Die Äpfel schälen, halbieren, entkernen und mit einem Messer einritzen.

6. Die Eier mit dem Zucker und dem Zitronenaroma schaumig schlagen. Das Puddingpulver und den Quark unterrühren. Zum Schluss die Sahne unterziehen.

7. Die Masse auf dem Mürbeteig glatt streichen und die Apfelhälften leicht eindrücken. Den Kuchen im auf 180 °C vorgeheizten Backofen ca. 55 Minuten backen, herausnehmen und in der Form erkalten lassen.

8. Den Apfel-Käsekuchen auf eine Tortenplatte legen und mit Puderzucker bestäuben. Den Apfel in dekorative Scheiben schneiden, diese mit Zitronensaft beträufeln und auf den Kuchen legen. Mit Haselnussblättchen bestreuen und bis zum Verzehr kühl stellen.

Krokant-Kirsch-Kuchen

Für 12–14 Stücke:

Für den Biskuit:
3 Eier, 150 g Zucker
1 Päckchen Vanillezucker
50 g Mehl, 75 g Speisestärke
10 g Kakaopulver
1 TL Backpulver
Backpapier für die Form

Für den Kirschbelag:
2 Gläser Schattenmorellen (à 350 g Abtropfgewicht)
1 Päckchen Tortenguss rot
250 ml Kirschsaft

Für die Creme:
600 ml Sahne
3 Päckchen Sahnesteif
1 Päckchen Vanillezucker
Zucker nach Geschmack
50 g Krokant

Außerdem:
in Zucker getauchte Belegkirschen und Schokosternchen zum Verzieren

1. Die Eier mit dem Zucker und dem Vanillezucker in einer Schüssel schaumig schlagen.

2. Das Mehl mit der Speisestärke, dem Kakaopulver und dem Backpulver vermischen, auf die Eicreme sieben und unterheben.

3. Die Masse in eine mit Backpapier ausgelegte Springform (26 cm Durchmesser) füllen, glatt streichen und im auf 180 °C vorgeheizten Backofen ca. 25 Minuten backen. Herausnehmen und auf einem Kuchengitter erkalten lassen.

4. Den Biskuit oben gerade schneiden, auf eine Tortenplatte legen und mit einem Tortenring umschließen.

5. Die Schattenmorellen gut abtropfen lassen und den Saft dabei auffangen. Den Tortenguss mit dem Kirschsaft nach Packungsanweisung zubereiten und die Schattenmorellen einrühren.

6. Das Ganze leicht abkühlen lassen, auf dem Tortenboden verteilen und im Kühlschrank vollständig fest werden lassen.

7. Die Sahne mit dem Sahnesteif steif schlagen, mit Vanillezucker und Zucker nach Geschmack süßen und den Krokant unterheben.

8. Die Sahne auf die Kirschen geben, glatt streichen, ein Rillenmuster einziehen und den Kuchen im Kühlschrank durchkühlen lassen. Anschließend den Tortenring entfernen.

9. Den Kirsch-Krokant-Kuchen mit den gezuckerten Belegkirschen und Schokosternchen verzieren und bis zum Verzehr kühl stellen.

Erdbeer-Schoko-Torte

Für 16 Stücke:

2 dunkle Wiener Böden
(26 cm Durchmesser, Fertigprodukt)
500 ml Milch, 1 Päckchen
Schokoladenpuddingpulver
Zucker nach Geschmack
250 g Butter
500–750 g frische Erdbeeren
1 Päckchen Tortenguss klar
100 g Schokostreusel

1. Den unteren Tortenboden auf eine Tortenplatte legen und mit einem Tortenring umschließen.

2. Aus der Milch und dem Puddingpulver einen Pudding kochen, mit Zucker nach Geschmack süßen und unter mehrmaligem Rühren erkalten lassen.

3. Die Butter in eine Schüssel geben und weißschaumig schlagen. Den Schokopudding esslöffelweise einrühren.

4. Zwei Drittel der Creme auf den Boden streichen, mit dem zweiten Boden abdecken und mit der Hälfte der restlichen Creme bestreichen.

5. Die Erdbeeren verlesen, waschen, in Scheiben schneiden und auf den Kuchen legen. Den Tortenguss nach Packungsanweisung zubereiten und auf den Erdbeeren verteilen. Die Torte vollständig durchkühlen lassen.

6. Die Torte aus dem Kühlschrank nehmen, den Tortenring entfernen, den Tortenrand mit der restlichen Schokocreme bestreichen und mit Streuseln bestreuen. Die Torte bis zum Verzehr kühl stellen.

Rhabarberkuchen

(ohne Abbildung)

Für 16 Stücke:

750 g Rhabarber
100 g Joghurtbutter, 50 g Zucker
1 Päckchen Vanillezucker
1 Prise Salz, abgeriebene Schale von
½ unbehandelten Zitrone
2 EL Rum, 3 Eier
150 g Buttermilchfrischkäse
300 g Mehl
1 Päckchen Backpulver
Fett für die Form
125 g Zucker, 50 g Mandelstifte
2–3 EL Aprikosenmarmelade

1. Den Rhabarber putzen und in 1 cm große Stücke schneiden. Butter, Zucker, Vanillezucker, Salz, abgeriebene Zitronenschale und Rum schaumig rühren.

2. Die Eier einzeln darunterrühren und nach und nach den Frischkäse dazugeben.

3. Das Mehl mit dem Backpulver vermischen, auf die Creme sieben und unterrühren.

4. Den Teig in eine ausgefettete Springform (28 cm Durchmesser)

füllen und mit dem Rhabarber belegen. Zucker und Mandelstifte darüberstreuen und den Kuchen in dem auf 180–200 °C vorgeheizten Backofen 50–60 Minuten backen.

5. Den Kuchen auf ein Kuchengitter setzen und sofort mit der erhitzten Aprikosenmarmelade bestreichen. Erkalten lassen, in Stücke schneiden und servieren.

Erdbeerkuchen mit Pistazien

Für 12–14 Stücke:

Für den Biskuit:
4 Eier, 4 EL heißes Wasser
125 g Zucker
1 Päckchen Zitronenaroma
100 g Speisestärke
100 g Mehl
2 TL Backpulver

Außerdem:
Backpapier für die Form
100–150 g Erdbeermarmelade
500–750 g frische Erdbeeren
1 Päckchen Tortenguss klar
75 g gehackte Pistazien

1. Die Eier mit dem heißen Wasser, dem Zucker und dem Zitronenaroma in eine Schüssel geben und schaumig schlagen.

2. Die Speisestärke mit dem Mehl und dem Backpulver vermischen, auf die Eicreme sieben und unterheben.

3. Die Masse in eine mit Backpapier ausgelegte Springform (26 cm Durchmesser) füllen, glatt streichen und im auf 180 °C vorgeheizten Backofen 25–30 Minuten backen.

4. Nach Ende der Backzeit den Tortenboden aus dem Backofen nehmen, erkalten lassen, einmal waagerecht durchschneiden und den oberen Boden gerade schneiden.

5. Den unteren Boden auf eine Tortenplatte legen. Die Erdbeermarmelade durch ein Sieb passieren und etwa die Hälfte davon auf den Boden streichen.

6. Den zweiten Boden darauflegen, mit Marmelade bestreichen und mit einem Tortenring umschließen.

7. Die Erdbeeren verlesen, waschen, gut abtropfen lassen, je nach Bedarf halbieren oder vierteln und dekorativ auf die Torte legen.

8. Den Tortenguss nach Packungsanweisung zubereiten und über die Erdbeeren gießen. Den Guss im Kühlschrank vollständig fest werden lassen.

9. Den Erdbeerkuchen herausnehmen und den Tortenring entfernen. Den Tortenrand mit der restlichen Erdbeermarmelade bestreichen, mit den gehackten Pistazien bestreuen und den Kuchen bis zum Verzehr kühl stellen.

Johannisbeerkuchen mit Sahneguss

Für 12–14 Stücke:

Für den Mürbeteig:
275 g Mehl, 1 Ei
175 g Zucker
1 Päckchen Vanillezucker
150 g Butter
Fett für die Form

Für den Belag:
500 g Johannisbeeren
50 g gemahlene Nüsse
75 g Zucker
½ TL Zimt

Außerdem:
4 Eier, 100 ml Sahne
125 g Zucker
1 Päckchen Vanillezucker
100 g Aprikosenmarmelade zum Glasieren
Puderzucker zum Bestäuben

1. Das Mehl auf eine Arbeitsfläche sieben, eine Mulde eindrücken und das Ei hineingeben. Den Zucker und den Vanillezucker darüberstreuen, die Butter in Flöckchen auf das Mehl setzen.

2. Die Zutaten von außen nach innen mit bemehlten Händen schnell zu einem glatten, kompakten Teig verkneten, diesen in Klarsichtfolie wickeln und im Kühlschrank mindestens eine Stunde ruhen lassen.

3. Den Teig auf einer bemehlten Arbeitsfläche ausrollen, in eine ausgefettete Springform (26 cm Durchmesser) legen und einen hohen Rand formen.

4. Die verlesenen, gewaschenen und gut abgetropften Johannisbeeren mit den gemahlenen Nüssen, dem Zucker und dem Zimt vermischen und auf dem Mürbeteig verteilen.

5. Die Eier mit der Sahne, dem Zucker und dem Vanillezucker verrühren und auf die Johannisbeeren geben. Den überstehenden Mürbeteigrand über die Füllung legen.

6. Den Johannisbeerkuchen in dem auf 180–200 °C vorgeheizten Backofen 45–50 Minuten backen.

7. Den fertig gebackenen Kuchen aus dem Backofen nehmen und in der Form auskühlen lassen. Aus der Form nehmen, auf ein Kuchengitter setzen und erkalten lassen.

8. Die Aprikosenmarmelade erhitzen, durch ein Sieb streichen und den Kuchen damit glasieren. Mit Puderzucker bestäuben und bis zum Verzehr kühl stellen.

Pflaumenkuchen mit Zimtsahne

Für 12–14 Stücke:

Für den Rührteig:
150 g Butter, 175 g Zucker
1 Päckchen Vanillezucker
½ TL Zimt
3 Eier, 250 g Mehl
2 gestrichene TL Backpulver
50 ml Milch
Fett für die Form

Für den Belag:
3 EL gemahlene Nüsse
500 g Pflaumen
1 EL Puderzucker
100 g Mandelblättchen
50 g Zucker, 1–2 EL Wasser

Außerdem:
200 ml Sahne
1 Päckchen Sahnesteif
Zucker nach Geschmack
Zimt und Puderzucker zum Bestäuben
frische Pflaumen zum Verzieren

1. Die Butter mit dem Zucker, dem Vanillezucker und dem Zimt in eine Schüssel geben und schaumig aufschlagen. Die Eier einzeln nach und nach kräftig unterrühren.

2. Das Mehl mit dem Backpulver vermischen, auf die Eicreme sieben und unterrühren. Zum Schluss die Milch unterrühren.

3. Den Teig in eine ausgefettete Springform (26 cm Durchmesser) füllen, glatt streichen und mit den gemahlenen Nüssen bestreuen.

4. Die Pflaumen waschen, trocken tupfen, entsteinen, halbieren oder vierteln, auf den Teig legen und mit Puderzucker bestäuben.

5. Die Mandelblättchen mit dem Zucker und dem Wasser vermischen und auf den Pflaumen verteilen.

6. Den Pflaumenkuchen in dem auf 180 °C vorgeheizten Backofen 45–50 Minuten backen.

7. Den fertig gebackenen Kuchen aus dem Backofen nehmen, in der Form auskühlen lassen, aus der Form nehmen, auf ein Kuchengitter setzen und erkalten lassen. Anschließend den Kuchen auf eine Tortenplatte legen.

8. Die Sahne mit dem Sahnesteif steif schlagen, mit Zucker nach Geschmack süßen, in einen Spritzbeutel mit Sterntülle füllen und dekorativ auf den Pflaumenkuchen spritzen. Mit Zimt und Puderzucker bestäuben, mit frischen Pflaumen verzieren und den Kuchen bis zum Verzehr kühl stellen.

Einfacher Pfirsich-Streuselkuchen

Für 12–14 Stücke:

Für den Quarkteig:
150 g Mehl
3 gestrichene TL Backpulver
75 g Quark, 50 g Butter
1 Ei, 50 g Zucker
1 Päckchen Vanillezucker
Milch nach Bedarf
Fett für die Form
1 Dose Pfirsiche (480 g Abtropfgewicht)

Für die Streusel:
200 g Mehl, 100 g Butter
100 g Zucker, 1 Msp. Zimt

Außerdem:
½ Packung Zitronenglasur
Pfirsichscheiben zum Belegen

1. Das gesiebte Mehl mit dem Backpulver, dem Quark, der Butter, dem Ei, dem Zucker und dem Vanillezucker zu einem glatten Teig verkneten. Sollte der Teig zu fest sein, noch etwas Milch dazugeben.

2. Den Teig in der Größe einer Blütenform (24 cm Durchmesser) ausrollen, in die ausgefettete Form legen und die gut abgetropften Pfirsiche darauf verteilen.

3. Das gesiebte Mehl mit der Butter, dem Zucker und dem Zimt auf eine Arbeitsfläche geben, zu Streuseln verarbeiten und diese auf die Pfirsiche streuen.

4. Den Kuchen im auf 180 °C vorgeheizten Backofen ca. 40 Minuten backen.

5. Den fertig gebackenen Kuchen aus dem Backofen nehmen, in der Form auskühlen lassen, aus der Form nehmen, auf ein Kuchengitter setzen und erkalten lassen. Anschließend den Kuchen auf eine Tortenplatte legen.

6. Die Zitronenglasur nach Packungsanweisung zubereiten und den Kuchen damit glasieren. Die Glasur trocknen lassen, den Pfirsich-Streuselkuchen mit Pfirsichscheiben belegen und bis zum Verzehr kühl stellen.

Nektarinen-Schoko-Torte

Für 12–14 Stücke:

Für den Biskuit:
3 Eier, 3 EL heißes Wasser
90 g Zucker, je ½ Päckchen Vanillezucker und Zitronenaroma
60 g Mehl, 60 g Speisestärke
1 ½ gestrichene TL Backpulver
1 TL gemahlene Mandeln
3 EL Johannisbeergelee

Für die Schokocreme:
300 g Schokoladenjoghurt
1 EL Kakaopulver, 1 Päckchen Vanillezucker, 5 Blatt weiße Gelatine, 300 ml Sahne

Für die Nektarinencreme:
2 Nektarinen, 250 ml Wasser
50 g Zucker, 6 Blatt weiße Gelatine
300 g Naturjoghurt, 300 ml Sahne
1 ½ EL Kakaopulver

Außerdem:
200 ml Sahne, 1 Päckchen Sahnesteif
Nektarinenspalten und Kakaopulver

1. Eier und heißes Wasser schaumig schlagen. Zucker, Vanillezucker und Zitronenaroma nach und nach dazugeben und weiterschlagen.

2. Mehl, Speisestärke und Backpulver vermischen, sieben und mit den Mandeln in zwei Portionen unterrühren. Die Masse in eine mit Backpapier ausgelegte Springform (26 cm Durchmesser) geben, glatt streichen und im auf 200 °C vorgeheizten Backofen 30 Minuten backen.

3. Den Boden aus dem Backofen nehmen, auskühlen lassen, aus der Form nehmen, auf ein Kuchengitter setzen und erkalten lassen. Den Biskuit oben gerade schneiden, mit dem Johannisbeergelee bestreichen, auf eine Tortenplatte legen und mit einem Tortenring umschließen.

4. Joghurt, gesiebten Kakao und Vanillezucker verrühren. Die gewässerte Gelatine ausdrücken, in wenig heißem Wasser auflösen und unter den Joghurt ziehen. Die Sahne steif schlagen und unterheben. Die Creme in einen Spritzbeutel mit Lochtülle füllen, große Tupfen auf den Tortenboden spritzen und im Kühlschrank fest werden lassen.

5. Die Nektarinen in Spalten schneiden und im Wasser fünf Minuten kochen. Den Saft abgießen. Die Nektarinen pürieren und mit dem Zucker erwärmen. Die gewässerte Gelatine im Nektarinenpüree auflösen und leicht abkühlen lassen. Den Naturjoghurt einrühren. Die Sahne steif schlagen und unterheben.

6. Die Torte aus dem Kühlschrank nehmen und die Schokotupfen mit Kakaopulver bestäuben. Die Nektarinensahne vorsichtig auf die Schokotupfen geben, glatt streichen und im Kühlschrank fest werden lassen.

7. Die Sahne mit dem Sahnesteif steif schlagen, in einen Spritzbeutel mit Lochtülle füllen und Tupfen auf die Torte spritzen. Diese mit Nektarinenspalten belegen, mit Kakaopulver bestäuben und bis zum Verzehr kühl stellen.

Kirschtarte

Für 12–14 Stücke:

Für den Mürbeteig:
200 g Mehl, ½ TL Backpulver
1 Eigelb, 125 g Zucker
1 Päckchen Vanillezucker
120 g Butter
Fett für die Form
Semmelbrösel zum Ausstreuen

Für die Füllung:
3 Gläser Schattenmorellen
(à 270 g Abtropfgewicht) oder
1 kg frische, entsteinte Kirschen
750 ml Kirschsaft
75 g Zucker
2 Päckchen Vanillepuddingpulver

Außerdem:
200 ml Sahne
1 Päckchen Sahnesteif
gehackte Pistazien und frische Kirschen zum Verzieren

1. Das Mehl mit dem Backpulver vermischen, auf eine Arbeitsfläche sieben, eine Mulde eindrücken und das Eigelb hineingeben.

2. Den Zucker und den Vanillezucker darüberstreuen und die Butter in Flöckchen auf das Mehl setzen. Die Zutaten mit bemehlten Händen von außen nach innen schnell zu einem glatten, kompakten Teig verkneten.

3. Den Mürbeteig in Klarsichtfolie wickeln und im Kühlschrank mindestens eine Stunde ruhen lassen.

4. Den Teig auf einer bemehlten Arbeitsfläche in der Größe einer Springform (26 cm Durchmesser) ausrollen, in die gefettete, mit Semmelbröseln ausgestreute Form legen und einen Rand hochziehen.

5. Die Schattenmorellen gut abtropfen lassen und den Saft dabei auffangen.

6. Den Kirschsaft mit dem Zucker und dem Puddingpulver zu einem Pudding kochen.

7. Die Kirschen unterheben und die Masse noch warm auf dem Mürbeteig glatt streichen.

8. Die Kirschtarte im auf 180 °C vorgeheizten Backofen ca. 45 Minuten backen.

9. Die fertig gebackene Kirschtarte aus dem Backofen nehmen, auskühlen lassen, aus der Form nehmen, auf ein Kuchengitter setzen und erkalten lassen. Anschließend auf eine Tortenplatte legen.

10. Die Sahne mit dem Sahnesteif steif schlagen, in einen Spritzbeutel mit Sterntülle füllen und Rosetten auf die Kirschtarte spritzen.

11. Die Kirschtarte mit gehackten Pistazien bestreuen, mit frischen Kirschen verzieren und bis zum Verzehr kühl stellen.

Nordischer Aprikosenkranz

Für 12–14 Stücke:

Für den Quarkölteig:
150 g Mehl
2 TL Backpulver
50 g Quark
75 g Zucker
1 TL geriebene Zitronenschale
50 ml Speiseöl
Milch nach Bedarf
Fett für die Form

Für die Füllung:
1 Ei
200 g gemahlene Mandeln
50 g gemahlene Pistazien
2 EL Milch zum Bestreichen
1 Dose kleine Aprikosenhälften (480 g Abtropfgewicht)

Außerdem:
1 Packung Vanilleglasur
50 g gehackte Pistazien

1. Das gesiebte Mehl mit dem Backpulver, dem Quark, dem Zucker, der Zitronenschale und dem Speiseöl zu einem glatten Teig verkneten. Sollte der Teig zu fest sein, etwas Milch dazugeben.

2. Den Teig auf einer bemehlten Arbeitsfläche zu einem langen Rechteck ausrollen.

3. Das Ei mit den Mandeln und den Pistazien vermischen und als Streifen der Länge nach auf die Teigmitte geben. Die Teigränder mit Milch bestreichen.

4. Die gut abgetropften Aprikosenhälften darauflegen und den Teig aufrollen. Wenn die Teigrolle zu kurz ist, etwas länger ausrollen, damit sie in der Form zu einem Ring geschlossen werden kann.

5. Die Teigrolle in eine ausgefettete Kranzform (24 cm Durchmesser) legen, die Enden zusammendrücken und den Kranz im auf 180 °C vorgeheizten Backofen ca. 35 Minuten backen.

6. Den fertig gebackenen Aprikosenkranz aus dem Backofen nehmen, auskühlen lassen, aus der Form nehmen, auf ein Kuchengitter setzen und erkalten lassen. Anschließend auf eine Tortenplatte legen.

7. Die Vanilleglasur nach Packungsanweisung zubereiten und Linien auf den Kranz spritzen.

8. Den Aprikosenkranz mit gehackten Pistazien bestreuen, die Glasur trocknen lassen und den Kranz bis zum Verzehr kühl stellen.

Schneller Melonenkuchen

Für 12 Stücke:

1 heller Wiener Boden
(26 cm Durchmesser, Fertigprodukt)
150 g Johannisbeermarmelade
200 ml Sahne
1 Päckchen Sahnesteif
Zucker nach Geschmack
je 1 Stück Honigmelone, Netzmelone und Cantaloupemelone
1 Päckchen Tortenguss klar
Mandelblättchen zum Bestreuen

1. Den Biskuitboden auf eine Tortenplatte setzen, mit zwei Dritteln der glatt gerührten Johannisbeermarmelade bestreichen und mit einem Tortenrand umschließen.

2. Die Sahne mit dem Sahnesteif steif schlagen, mit Zucker nach Geschmack süßen und den Biskuitboden damit bestreichen.

3. Aus den Melonenstücken mit einem Kugelausstecher Kugeln ausstechen und diese auf der Sahne dekorativ verteilen.

4. Den Tortenguss nach Packungsanweisung zubereiten und den Kuchen damit überziehen. Den Guss im Kühlschrank fest werden lassen.

5. Den Melonenkuchen aus dem Kühlschrank nehmen und den Tortenring entfernen.

6. Den Rand des Melonenkuchens mit der restlichen Marmelade bestreichen, mit Mandelblättchen bestreuen und den Kuchen bis zum Verzehr kühl stellen.

Käsekuchen mit Pfirsichen
(ohne Abbildung)

Für 16 Stücke:

200 g Mehl, 1 Ei, 100 g Butter
100 g Zucker, 1 Päckchen Vanillezucker, Fett für die Form
Semmelbrösel zum Ausstreuen
1 Dose Pfirsichhälften
4 Eier, 225 g Zucker, 1 Päckchen Zitronenaroma, 1 kg Quark
125 g Speisestärke, 250 ml Milch
Zitronenscheiben und Zitronenblätter zum Belegen
Puderzucker zum Bestäuben

1. Das Mehl auf eine Arbeitsfläche sieben, eine Mulde eindrücken und das Ei hineingeben.

2. Die Butter in Flöckchen auf das Mehl setzen, den Zucker und den Vanillezucker darüberstreuen. Die Zutaten mit bemehlten Händen von außen nach innen schnell zu einem glatten, kompakten Teig verkneten.

3. Den Teig in Klarsichtfolie wickeln und im Kühlschrank mindestens eine Stunde ruhen lassen.
4. Den Teig in der Größe einer

Springform (26 cm Durchmesser) ausrollen, in die gefettete und mit Semmelbröseln ausgestreute Form legen und einen Rand hochziehen.

5. Die Pfirsichhälften gut abtropfen lassen und auf den Teig legen.

6. Die Eier mit dem Zucker und dem Zitronenaroma schaumig schlagen. Zuerst den Quark, dann die gesiebte Speisestärke und zum Schluss die Milch unterrühren.
7. Die Quarkmasse in die Form füllen und glatt streichen.

8. Den Kuchen im auf 180 °C vorgeheizten Backofen 50–60 Minuten backen, herausnehmen, erkalten lassen und auf eine Tortenplatte legen.

9. Den Käsekuchen mit Zitronenscheiben und Zitronenblättern belegen, mit Puderzucker bestäuben, in Stücke schneiden und servieren.

Omas Johannisbeerkuchen

Für 12–14 Stücke:

Für den Rührteig:
150 g Butter
125 g Zucker
1 Päckchen Zitronenaroma
3 Eier
250 g Mehl
3 gestrichene TL Backpulver
50 ml Milch
Fett und Semmelbrösel für die Form

Außerdem:
500 g Johannisbeeren
100 g Zucker
1 Msp. Zimt
150 g geschälte, gemahlene Mandeln
25 g Zucker
Puderzucker zum Bestäuben
Johannisbeeren zum Verzieren

1. Die Butter mit dem Zucker und dem Zitronenaroma in eine Schüssel geben und mit den Schneebesen des Handrührgerätes weißschaumig schlagen.

2. Die Eier einzeln nach und nach kräftig unterrühren. Das Mehl mit dem Backpulver vermischen, auf die Creme sieben und mit der Milch unterrühren.

3. Zwei Drittel des Teiges in eine gefettete, mit Semmelbröseln ausgestreute Springform (24 cm Durchmesser) füllen und glatt streichen.

4. Die verlesenen, gewaschenen, gut abgetropften Johannisbeeren mit dem Zucker, dem Zimt und 100 g gemahlenen Mandeln vermischen und auf dem Teig verteilen.

5. Den restlichen Teig als Tupfen daraufsetzen. Die restlichen Mandeln mit dem Zucker vermischen und auf den Kuchen streuen.

6. Den Johannisbeerkuchen in dem auf 180 °C vorgeheizten Backofen etwa 40 Minuten backen.

7. Den fertig gebackenen Johannisbeerkuchen aus dem Backofen nehmen, auskühlen lassen, aus der Form nehmen, auf ein Kuchengitter setzen und erkalten lassen. Anschließend auf eine Tortenplatte legen.

8. Den Johannisbeerkuchen mit Puderzucker bestäuben, mit Johannisbeeren verzieren und bis zum Verzehr kühl stellen.

Brombeerschnitten mit Zitronen-Kokos

Für 16 Stücke:

Für den Rührteig:
125 g Butter, 125 g Zucker
1 Päckchen Zitronenaroma
4 Eier, 250 g Mehl
3 gestrichene TL Backpulver
Fett für das Blech
Semmelbrösel zum Bestreuen

Für den Zitronen-Kokos:
200 g Kokosflocken, 3 Eier
Saft von 1 Zitrone, 50 g Zucker

Für die Creme:
200 g Brombeeren, 75 g Zucker
Saft von 1 Zitrone, 6 Blatt weiße Gelatine, 300 g Naturjoghurt
600 ml Sahne

Außerdem:
200 ml Sahne
1 Päckchen Sahnesteif
Kokosflocken zum Bestreuen
Brombeeren zum Verzieren

1. Die Butter mit dem Zucker und dem Zitronenaroma schaumig schlagen. Die Eier einzeln nach und nach kräftig unterrühren.

2. Das Mehl mit dem Backpulver vermischen, auf die Masse sieben und unterrühren. Den Teig auf ein gefettetes, mit Semmelbröseln bestreutes Backkblech (24 x 30 cm) geben und glatt streichen.

3. Die Kokosflocken mit den Eiern, dem Zitronensaft und dem Zucker zu einer glatten Masse verrühren. Die Masse in einen Spritzbeutel mit Lochtülle füllen und Tupfen in den Teig spritzen.

4. Den Kuchen im auf 180 °C vorgeheizten Backofen 35 Minuten backen. Anschließend aus dem Ofen nehmen, erkalten lassen, auf eine Tortenplatte legen und mit einem Schnittenrahmen umschließen.

5. Für die Creme die verlesenen Brombeeren mit dem Zucker und dem Zitronensaft in einen Topf geben und erhitzen. Die gewässerte, gut ausgedrückte Gelatine in der noch warmen Masse auflösen lassen.

6. Kurz vor dem Festwerden den Joghurt und die steif geschlagene Sahne unterheben. Die Creme auf dem Tortenboden glatt streichen und im Kühlschrank – am besten über Nacht – fest werden lassen.

7. Die Torte aus dem Kühlschrank nehmen und den Schnittenrahmen entfernen.

8. Die Sahne mit dem Sahnesteif steif schlagen, in einen Spritzbeutel mit Sterntülle füllen und auf die Torte dressieren.

9. Die Torte mit Kokosflocken bestreuen, mit Brombeeren verzieren, in Stücke schneiden und bis zum Verzehr kühl stellen.

Cremiger Beerenkuchen

Für 12 Stücke:

Für den Bröselboden:
250 g Löffelbiskuits, 150 g sehr weiche Butter, 10 ml Speiseöl
Backpapier für die Form

Für die Creme:
50 ml Kokoslikör, Saft von 1 Zitrone
50 g Zucker, 6 Blatt weiße Gelatine
300 g Naturjoghurt, 400 ml Sahne

Außerdem:
500 g Erdbeeren, 250 g Himbeeren
1 Päckchen Tortenguss klar

1. Die Löffelbiskuits fein mahlen und mit Butter verkneten. Einen Tortenring (26 cm Durchmesser) innen mit Öl bestreichen und auf eine mit Backpapier belegte Tortenplatte stellen. Die Bröselmasse fest in die Form drücken.

2. Für die Creme den Kokoslikör mit dem Zitronensaft und dem Zucker erwärmen. Die gewässerte Gelatine darin auflösen.

3. Den Naturjoghurt unterrühren, die Sahne steif schlagen und unterheben. Die Creme auf dem Bröselboden glatt streichen und im Kühlschrank fest werden lassen.

4. Die Beeren verlesen, waschen, trocken tupfen, die Erdbeeren klein schneiden und die Früchte dekorativ auf die Torte legen.

5. Den Tortenguss nach Packungsanweisung zubereiten, die Beeren damit überziehen und den Guss fest werden lassen.

6. Den Tortenring entfernen und den Beerenkuchen und bis zum Verzehr kühl stellen.

Exotische Früchterolle

(ohne Abbildung)

Für 16 Stücke:

5 Eier, 120 g Zucker, 1 Päckchen Vanillezucker, 50 g Mehl
25 g Kokosflocken, Backpapier
400 ml Sahne, 2 Päckchen Sahnesteif
Zucker nach Geschmack
50 ml Grenadine-Sirup
200 g Frischkäse, 1 Dose Mandarinen
100 g Mandelblättchen
Kumquats und 1 Babyananas zum Verzieren

1. Die Eier mit dem Zucker und dem Vanillezucker schaumig schlagen. Das gesiebte Mehl mit den Kokosflocken vermischen und unterheben.

2. Den Teig auf ein mit Backpapier belegtes Backblech streichen und im auf 180 °C vorgeheizten Backofen ca. 15 Minuten backen.

3. Den Biskuit auf ein Küchentuch stürzen, das Backpapier abziehen, den Biskuit im Küchentuch aufrol-

len, erkalten lassen und vorsichtig entrollen.

4. Die Sahne mit dem Sahnesteif steif schlagen und mit Zucker nach Geschmack süßen. Den Grenadine-Sirup und den Frischkäse unterrühren. Ein Drittel der Creme abnehmen und kalt stellen.

5. Die Mandarinen gut abtropfen lassen, unter die restliche Creme heben, auf den Biskuit geben, glatt streichen und diesen mithilfe des Küchentuches aufrollen. Die Rolle auf eine Tortenplatte legen.

6. Die Rolle mit der restlichen Creme rundherum bestreichen und mit Mandelblättchen bestreuen.

7. Die Früchterolle mit Kumquatscheiben und Babyananaswürfeln verzieren und bis zum Verzehr kühl stellen.

Stachelbeerschnitten

Für 16 Stücke:

Für den Mürbeteig:
275 g Mehl, 2 Eigelb, 2 EL Sahne
180 g Butter, 150 g Zucker
1 Päckchen Vanillezucker, Fett und Semmelbrösel für die Form

Für die Füllung:
100 g gemahlene, weiße Mandeln
1 kg Stachelbeeren
75 g Zucker, ½ TL Zimtpulver

Für die Creme:
3 Eigelb, 150 g Zucker
1 Päckchen Vanillezucker
50 g Speisestärke, 500 g Sauerrahm
250 g Magerquark
3 Eiweiß, 50 g Zucker

Für das Baisergitter:
2 Eiweiß, 125 g Zucker
25 g Speisestärke

1. Aus den Teigzutaten einen glatten Mürbeteig kneten. Den Teig in Klarsichtfolie wickeln und im Kühlschrank eine Stunde ruhen lassen. Anschließend den Teig auf einer bemehlten Arbeitsfläche in der Größe einer Blechkuchen-Springform (38 x 25 x 7 cm) ausrollen.

2. Die Springform fetten, mit Semmelbröseln ausstreuen, den Teig hineinlegen und einen Rand hochziehen. Die Mandeln gleichmäßig auf dem Teigboden verteilen.

3. Die Stachelbeeren verlesen, waschen, abtropfen lassen und ebenfalls auf dem Teig verteilen. Mit Zucker und Zimt bestreuen.

4. Für die Creme die Eigelbe mit dem Zucker und dem Vanillezucker schaumig schlagen. Die Speisestärke dazugeben und unterrühren.

5. Sauerrahm und Quark hinzufügen und alles gut miteinander verrühren. Die Eiweiße steif schlagen. Den Zucker einrieseln lassen und so lange weiterschlagen, bis sich der Zucker vollständig aufgelöst hat.

6. Den Eischnee unter die Quarkmasse ziehen und diese auf den Stachelbeeren glatt streichen. Den Kuchen im auf 180 °C vorgeheizten Backofen 40 Minuten backen.

7. Die Eiweiße steif schlagen. Den Zucker einrieseln lassen und so lange weiterschlagen, bis sich der Zucker vollständig aufgelöst hat. Zum Schluss die Speisestärke unterziehen.

8. Die Masse in einen Spritzbeutel mit Sterntülle füllen. Den Kuchen nach ca. 40 Minuten aus dem Ofen nehmen, mit der Baisermasse ein Gitter aufspritzen und weitere 10–15 Minuten backen.

9. Den Kuchen aus dem Ofen nehmen und erkalten lassen. Den Rand der Form entfernen, den Kuchen in Stücke schneiden und bis zum Verzehr kühl stellen.

Käsekuchen einmal anders

Für 16 Stücke:

Für den Mürbeteig:
300 g Mehl, 200 g Zucker
1 TL Vanillearoma
1 Prise Salz, 1 Ei
200 g Butter
Fett für das Blech

Für den Belag:
100 g gehackte Haselnüsse
1 große Dose Apfelkompott
600 g Doppelrahmfrischkäse
150 g Zucker
2 TL Vanillearoma
2 Eigelb
5–6 EL Apfelsaft
2 Eiweiß

Außerdem:
2 säuerliche Äpfel
Saft von 1 Zitrone
50 g gehackte Haselnüsse

1. Das gesiebte Mehl mit dem Zucker, dem Vanillearoma und dem Salz vermischen, auf eine Arbeitsfläche geben und eine Mulde in die Mitte drücken.

2. Das Ei in die Mulde geben und die Butter in Flöckchen an den Rand setzen. Die Zutaten mit bemehlten Händen von außen nach innen schnell zu einem glatten, kompakten Teig verkneten.

3. Den Mürbeteig in Klarsichtfolie wickeln und im Kühlschrank mindestens eine Stunde ruhen lassen.

4. Den Teig auf einer bemehlten Arbeitsfläche nochmals kurz durchkneten, ausrollen und in ein gefettetes, tiefes Backblech (24 x 32 cm) legen.

5. Den Teig mit den gehackten Haselnüssen bestreuen und mit den gut abgetropften Apfelschnitzen belegen.

6. Den Frischkäse mit dem Zucker, dem Vanillearoma, den Eigelben und dem Apfelsaft in eine Schüssel geben und glatt rühren. Die Eiweiße steif schlagen und unterheben.

7. Die Frischkäsemasse auf den Apfelschnitzen verteilen, glatt streichen und den Käsekuchen im auf 180 °C vorgeheizten Backofen 45–50 Minuten backen.

8. Den fertig gebackenen Käsekuchen aus dem Backofen nehmen und auf dem Backblech vollständig erkalten lassen.

9. Den Käsekuchen vom Blech lösen, in Stücke schneiden und dekorativ anrichten.

10. Die Äpfel entkernen, in feine Schnitze schneiden, mit Zitronensaft beträufeln und die Kuchenstücke damit belegen. Mit den grob gehackten Haselnüssen bestreuen und den Käsekuchen bis zum Verzehr kühl stellen.

Streuselkuchen mit Zwetschgen und Honig

Für 12–14 Stücke:

Für den Hefeteig:
20 g Frischhefe, 50 g Zucker
50 ml warme Milch, 275 g Mehl
1 Päckchen Vanillezucker
75 g Butter
1 Ei, Fett für das Blech

Für den Belag:
150 g gemahlene Haselnüsse
1,5 kg entsteinte Zwetschgen
200 g Waldhonig

Für die Streusel:
300 g Mehl, 150 g Butter
150 g Zucker, ½ TL Zimt

Außerdem:
Minze zum Verzieren

1. Die Hefe mit etwas Zucker und etwas Milch verrühren. Das Mehl in eine Schüssel sieben, eine Mulde eindrücken und die Hefemilch hineingeben.

2. Den Vorteig zugedeckt an einem warmen Ort 10 Minuten gehen lassen.

3. Den restlichen Zucker, die restliche Milch, den Vanillezucker, die Butter und das Ei dazugeben und das Ganze mit dem Knethaken zu einem glatten Teig verkneten.

4. Den Teig zugedeckt an einem warmen Ort zur doppelten Menge aufgehen lassen.

5. Anschließend den Teig in der Größe eines Backblechs (35 x 27 cm) ausrollen. Den Teig auf das gefettete Backblech legen, mit den gemahlenen Haselnüssen bestreuen, mit den Zwetschgen belegen und mit Honig beträufeln.

6. Das gesiebte Mehl mit der Butter, dem Zucker und dem Zimt zu Streuseln verarbeiten und diese auf den Zwetschgen verteilen.

7. Den Kuchen im auf 180 °C vorgeheizten Backofen ca. 45 Minuten backen. Anschließend aus dem Backofen nehmen, erkalten lassen, in Stücke schneiden, dekorativ anrichten, mit Minze verzieren und den Streuselkuchen mit Zwetschgen und Honig bis zum Verzehr kühl stellen.

Erdbeerkuchen mit Schokoladenbiskuit

Für 12–14 Stücke:

Für den Biskuit:
4 Eier, 150 g Zucker
1 Päckchen Vanillezucker
75 g Mehl, 100 g Speisestärke
2 gestrichene TL Backpulver
10 g Kakaopulver
50 g Erdbeermarmelade
Backpapier für die Form

Für die Creme:
Saft von 2 Zitronen, 75 g Zucker
5 Blatt weiße Gelatine
500 g Magerquark, 200 ml Sahne

Außerdem:
750 g Erdbeeren
1 Päckchen Tortenguss rot
20 g Mandelblättchen

1. Die Eier mit dem Zucker und dem Vanillezucker in eine Schüssel geben und mit den Schneebesen des Handrührgerätes weißschaumig schlagen.

2. Das Mehl mit der Speisestärke, dem Backpulver und dem Kakaopulver vermischen, auf die Eicreme sieben und unterheben.

3. Die Masse in eine mit Backpapier ausgelegte Springform (26 cm Durchmesser) füllen, glatt streichen und im auf 180 °C vorgeheizten Backofen 30 Minuten backen.

4. Den Boden aus dem Backofen nehmen, auskühlen lassen, aus der Form nehmen, auf ein Kuchengitter setzen und erkalten lassen.

5. Den Boden einmal waagerecht halbieren. Den oberen Boden gerade schneiden und mit der Marmelade bestreichen. Den unteren Boden auf eine Tortenplatte legen und mit einem Tortenring umschließen.

6. Für die Creme den Zitronensaft mit dem Zucker erwärmen und vom Herd nehmen. Die gewässerte, ausgedrückte Gelatine darin auflösen.

7. Kurz vor dem Festwerden den Quark unterrühren, die Sahne steif schlagen und unterheben. Etwas Creme beiseitestellen und die restliche Creme auf dem Biskuitboden glatt streichen. Den oberen Boden mit der Marmeladenseite nach oben darauflegen und den Kuchen im Kühlschrank durchkühlen lassen.

8. Die Erdbeeren verlesen, waschen, trocken tupfen, halbieren oder vierteln und den Kuchen damit belegen. Den Tortenguss nach Packungsanweisung zubereiten, den Kuchen damit überziehen und den Guss fest werden lassen. Anschließend den Tortenring entfernen.

9. Den Kuchenrand mit der restlichen Creme bestreichen, mit Mandelblättchen bestreuen und den Erdbeerkuchen bis zum Verzehr kühl stellen.

Marmorierter Erdbeerkuchen

Für 12–14 Stücke:

Für den Biskuit:
2 Eier, 100 g Zucker
1 Päckchen Vanillezucker
50 g Mehl, 50 g Speisestärke
1 TL Backpulver
Backpapier und Speiseöl für die Form

Für die Creme:
100 ml Milch, 50 g Zucker
Mark von 1 Vanilleschote
6 Blatt weiße Gelatine
300 g Schmand, 400 ml Sahne

Außerdem:
500 g Erdbeeren, 50 g Zucker
2 Blatt weiße Gelatine
10 g Puderzucker zum Bestäuben
20 g gehackte Pistazien zum Bestreuen

1. Eier, Zucker und Vanillezucker mit den Schneebesen des Handrührgerätes weißschaumig schlagen. Mehl, Speisestärke und Backpulver vermischen, auf die Eicreme sieben und unterheben.

2. Die Masse in eine mit Backpapier ausgelegte Blütenform (26 cm Durchmesser) füllen, glatt streichen und im auf 180 °C vorgeheizten Backofen 25 Minuten backen. Den Boden aus dem Backofen nehmen und auskühlen lassen.

3. Anschließend aus der Form nehmen, das Backpapier abziehen, den Boden auf ein Kuchengitter setzen und erkalten lassen.

4. Den sauberen Blütenrahmen mit Öl bestreichen. Den Biskuit oben gerade schneiden, auf eine Tortenplatte legen und mit dem Blütenrahmen umschließen.

5. Für die Creme die Milch mit dem Zucker und dem Vanillemark erwärmen und vom Herd nehmen. Die gewässerte, ausgedrückte Gelatine darin auflösen. Kurz vor dem Festwerden den Schmand unterrühren, die Sahne steif schlagen und unterheben. Die Creme auf dem Biskuitboden geben und verteilen.

6. Die Erdbeeren verlesen, waschen und trocken tupfen. 300 g Erdbeeren mit dem Zucker pürieren und erwärmen. Die gewässerte, ausgedrückte Gelatine darin auflösen.

7. Das Erdbeerpüree auf die Creme geben und mit einem Löffel ein Marmormuster einziehen. Die Creme im Kühlschrank fest werden lassen. Anschließend den Kuchen aus dem Kühlschrank nehmen und den Blütenrahmen abnehmen.

8. Die restlichen Erdbeeren halbieren oder vierteln und den Kuchen damit verzieren. Mit Puderzucker bestäuben, mit gehackten Pistazien bestreuen und den marmorierten Erdbeerkuchen bis zum Verzehr kühl stellen.

Himbeer-Mandel-Rolle

Für 16 Stücke:

5 Eier, 120 g Zucker, 1 Päckchen Vanillezucker, 50 g Mehl
25 g gemahlene Mandeln, Backpapier
150 g Himbeeren, 50 g Zucker
1 Päckchen Vanillezucker
1 Päckchen Zitronenaroma
7 Blatt weiße Gelatine
150 g Magerquark, 600 ml Sahne
1 unbehandelte Zitrone
Mandelblättchen zum Bestreuen
Puderzucker zum Bestäuben

1. Eier, Zucker und Vanillezucker schaumig schlagen. Das gesiebte Mehl mit den Mandeln vermischen und unterheben. Die Masse auf ein mit Backpapier belegtes Backblech streichen und im auf 180 °C vorgeheizten Backofen etwa 15 Minuten backen. Nach Ende der Backzeit den Biskuit aus dem Ofen nehmen, auf ein Küchentuch stürzen, zu einer Rolle formen und erkalten lassen.

2. Himbeeren, Zucker, Vanillezucker und Zitronenaroma erwärmen, vom Herd nehmen und die gewässerte Gelatine darin auflösen. Kurz vor dem Festwerden den Quark unterrühren und die steif geschlagene Sahne unterheben.

3. Den Biskuit entrollen, mit zwei Dritteln der Creme bestreichen und den Biskuit wieder zusammenrollen. Etwas Creme in einen Spritzbeutel mit Lochtülle füllen. Die Biskuitrolle mit der restlichen Creme bestreichen und durchkühlen lassen.

4. Mit Cremetupfen und Zitronenscheiben verzieren, mit Mandeln bestreuen, mit Puderzucker bestäuben und bis zum Verzehr kühl stellen.

Rhabarber-Blechkuchen

(ohne Abbildung)

Für 16 Stücke:

300 g Mehl, 180 g Butter, 400 g Zucker, je 1 Päckchen Orangen- und Zitronenaroma, 6 Eier
Fett für das Blech, 70 g gemahlene Mandeln, 500 g Rhabarber
Zuckerwasser zum Blanchieren
500 g Erdbeeren
150 g Crème fraîche
1 Päckchen Vanillezucker
100 g Aprikosenmarmelade
Mandelblättchen zum Bestreuen

1. Das Mehl auf eine Arbeitsfläche sieben und eine Mulde eindrücken. Butter in Flöckchen daraufsetzen. 200 g Zucker, das Orangen- und das Zitronenaroma darüberstreuen und ein Ei in die Mulde geben.

2. Die Zutaten mit bemehlten Händen zu einem glatten, kompakten Teig verkneten, in Klarsichtfolie wickeln und im Kühlschrank mindestens eine Stunde ruhen lassen.

3. Den Teig in der Größe eines Backblechs ausrollen, auf das gefet-

tete Blech legen und einen Rand hochdrücken. Die Mandeln gleichmäßig darüberstreuen.

4. Den Rhabarber schälen und in Stücke schneiden. Im erhitzten Zuckerwasser kurz blanchieren, herausnehmen, erkalten lassen und gleichmäßig auf dem Teig verteilen. Erdbeeren verlesen, waschen, klein schneiden und auf den Rhabarber geben. Mit 50 g Zucker bestreuen.

5. Die restlichen fünf Eier mit der Crème fraîche, 150 g Zucker und einem Päckchen Vanillezucker in einer Schüssel verschlagen.

6. Die Creme auf den Früchten glatt streichen und den Kuchen im auf 180 °C vorgeheizten Backofen 40–45 Minuten backen. Nach Ende der Backzeit den Kuchen aus dem Ofen nehmen und erkalten lassen.

7. Die Marmelade leicht erwärmen und den Kuchen damit bestreichen. Mit Mandelblättchen bestreuen und bis zum Verzehr kühl aufbewahren.

Käsesahne mit Früchten

Für 12–14 Stücke:

Für den Biskuit:
3 Eier, 125 g Zucker
3 EL heißes Wasser
1 Päckchen Zitronenaroma
75 g Mehl, 75 g Speisestärke
1 gestrichener TL Backpulver
Backpapier für die Form

Für die Füllung:
600 g gemischte Früchte aus der Dose (Aprikosen-, Birnen- und Pfirsichhälften, Kirschen und Weintrauben), 50 ml Obstsaft
75 g Zucker, 50 ml Zitronensaft
10 Blatt weiße Gelatine
500 g Speisequark, 500 ml Sahne

Außerdem:
1 Päckchen Tortenguss, klar
200 ml Sahne, 1 Päckchen Sahnesteif
Zucker nach Geschmack
50 g Mandelblättchen

1. Die Eier mit dem Zucker, dem Wasser und dem Zitronenaroma in einer Schüssel schaumig schlagen. Mehl, Speisestärke und Backpulver vermischen, auf die Eicreme sieben und unterheben.

2. Die Masse in eine mit Backpapier ausgelegte Springform (26 cm Durchmesser) füllen, glatt streichen und im auf 180 °C vorgeheizten Backofen ca. 30 Minuten backen.

3. Den Boden aus dem Backofen nehmen, auskühlen lassen, aus der Form nehmen, auf ein Kuchengitter setzen und erkalten lassen. Den Biskuit oben gerade schneiden, auf eine Tortenplatte legen und mit einem Tortenring umschließen.

4. Die Früchte gut abtropfen lassen, dabei den Saft auffangen und 50 ml abmessen. Obstsaft, Zucker und Zitronensaft erwärmen, vom Herd nehmen und die gewässerte, ausgedrückte Gelatine darin auflösen.

5. Kurz vor dem Festwerden den Speisequark einrühren und die steif geschlagene Sahne unterheben. Die Creme auf den Tortenboden geben und glatt streichen. Die Früchte dekorativ auf die Creme legen.

6. Aus dem restlichen Obstsaft (evtl. etwas Wasser dazugeben) einen Tortenguss nach Packungsanweisung zubereiten. Den Guss gleichmäßig auf den Früchten verteilen. Die Torte kühl stellen und den Guss fest werden lassen. Die Torte aus dem Kühlschrank nehmen und den Tortenring vorsichtig entfernen.

7. Die Sahne mit dem Sahnesteif steif schlagen, mit Zucker nach Geschmack süßen und den Rand der Torte damit bestreichen.

8. Den Rest der Sahne in einen Spritzbeutel mit Sterntülle füllen und auf die Torte dressieren.

9. Den Tortenrand mit Mandelblättchen bestreuen, einige Mandelblättchen auf die Torte streuen und diese bis zum Verzehr kühl stellen.

Käsekuchen mit Weintrauben

Für 16 Stücke:

Für den Mürbeteig:
200 g Mehl, 1 Eigelb
120 g Zucker
1 Päckchen Zitronenaroma
150 g Butter
Fett für die Form
Semmelbrösel zum Ausstreuen

Für die Quarkmasse:
4 Eier, 225 g Zucker
1 Päckchen Zitronenaroma
50 g Speisestärke
1 kg Quark, 200 ml Sahne

Außerdem:
je 250 g blaue und weiße Trauben
1 Päckchen Tortenguss klar

1. Das Mehl auf eine Arbeitsfläche sieben, eine Mulde eindrücken und das Eigelb hineingeben.

2. Den Zucker und das Zitronenaroma darüberstreuen und die Butter in Flöckchen auf das Mehl setzen. Die Zutaten mit bemehlten Händen von außen nach innen schnell zu einem glatten, kompakten Teig verkneten.

3. Den Teig in Klarsichtfolie wickeln und im Kühlschrank mindestens eine Stunde ruhen lassen.

4. Den Teig auf einer bemehlten Arbeitsfläche in der Größe einer Springform (26 cm Durchmesser) ausrollen, in die gefettete, mit Semmelbröseln ausgestreute Form legen und einen Rand hochziehen.

5. Die Eier mit dem Zucker und dem Zitronenaroma schaumig schlagen. Die Speisestärke unterrühren.

6. Den Quark und die Sahne unter die Eimasse rühren. Die Quarkmasse auf den Mürbeteig geben, glatt streichen und den Kuchen im auf 180 °C vorgeheizten Backofen ca. 55 Minuten backen.

7. Den fertig gebackenen Käsekuchen aus dem Backofen nehmen und in der Form erkalten lassen.

8. Die Weintrauben verlesen, waschen, halbieren und dekorativ auf dem Kuchen anrichten.

9. Den Tortenguss nach Packungsanweisung zubereiten. Den Guss gleichmäßig auf den Früchten verteilen und im Kühlschrank fest werden lassen.

10. Den Käsekuchen auf eine Tortenplatte legen und bis zum Verzehr kühl stellen.

Omas Traubenkuchen

Für 12–14 Stücke:

Für den Mürbeteig:
200 g Mehl, 1 Eigelb
1 Päckchen Vanillezucker
120 g Zucker
150 g Butter
Fett für die Form
Semmelbrösel zum Ausstreuen

Für die Füllung:
1 kg weiße Trauben
4 Eier, 120 g Zucker
1 EL Speisestärke
1 EL geriebene Zitronenschale
30 g geriebene Mandeln
40 g flüssige Butter

Außerdem:
Puderzucker zum Bestäuben
frische Weintrauben
zum Verzieren

1. Aus den Teigzutaten mit bemehlten Händen von außen nach innen schnell einen Mürbeteig kneten.

2. Den Teig in Klarsichtfolie wickeln und im Kühlschrank mindestens eine Stunde ruhen lassen.

3. Anschließend den Teig auf einer bemehlten Arbeitsfläche in der Größe einer Springform (26 cm Durchmesser) ausrollen.

4. Den Teig in die gefettete und mit Semmelbröseln ausgestreute Form geben und einen Rand hochdrücken.

5. Die Weintrauben verlesen, waschen, gut abtropfen lassen und gleichmäßig auf dem Teig verteilen.

6. Die Eier mit dem Zucker in eine Schüssel geben und weißschaumig schlagen. Die Speisestärke, die Zitronenschale und die Mandeln unterrühren. Zum Schluss die flüssige Butter unterziehen.

7. Die Masse gleichmäßig auf den Trauben verteilen, glatt streichen und den Kuchen in dem auf 180 °C vorgeheizten Backofen 45 Minuten backen.

8. Nach Ende der Backzeit den Kuchen aus dem Ofen nehmen, in der Form erkalten lassen, aus der Form nehmen und auf eine Tortenplatte setzen. Mit Puderzucker bestäuben, mit frischen Weintrauben verzieren und bis zum Verzehr kühl stellen.

Käsekuchen mit Kaiserkirschen

Für 12 Stücke:

Für den Mürbeteig:
200 g Mehl
1 Eigelb
120 g Butter
120 g Zucker
1 Päckchen Vanillezucker
Fett und Semmelbrösel für die Form

Für die Quarkmasse:
3 Eier, 150 g Zucker
1 Päckchen Vanillezucker
1 Päckchen Vanillepuddingpulver
1 kg Magerquark
200 ml Sahne
1 Dose Kaiserkirschen
(460 g Abtropfgewicht)

Außerdem:
Puderzucker zum Bestäuben

1. Das Mehl auf eine Arbeitsfläche sieben, eine Mulde eindrücken und das Eigelb hineingeben.

2. Die Butter in Flöckchen auf das Mehl setzen, den Zucker und den Vanillezucker darüberstreuen. Die Zutaten mit bemehlten Händen schnell zu einem glatten, kompakten Teig verkneten.

3. Den Teig in Klarsichtfolie wickeln und im Kühlschrank mindestens eine Stunde ruhen lassen.

4. Den Teig auf einer bemehlten Arbeitsfläche in der Größe einer Springform (26 cm Durchmesser) ausrollen, in die gefettete, mit Semmelbröseln ausgestreute Form legen und einen Rand hochziehen.

5. Für die Quarkmasse die Eier mit dem Zucker und dem Vanillezucker schaumig schlagen.

6. Das Puddingpulver und den Magerquark unterrühren. Zum Schluss die Sahne unterziehen.

7. Die Quarkmasse in die Form füllen, glatt streichen und die gut abgetropften Kaiserkirschen in die Masse drücken.

8. Den Käsekuchen im auf 180 °C vorgeheizten Backofen 50 Minuten backen, herausnehmen und in der Form erkalten lassen.

9. Den Käsekuchen auf eine Tortenplatte legen, mit Puderzucker bestäuben und bis zum Verzehr kühl stellen.

Ananasherz mit Limettensahne

Für 12–14 Stücke:

Für den Biskuit:
2 Eier, 100 g Zucker
1 Päckchen Vanillezucker
50 g Mehl, 50 g Speisestärke
1 gestrichener TL Backpulver
Backpapier und Öl für die Form

Für den Belag:
2 Dosen Ananas (je 340 g Abtropfgewicht)
Saft von 2 Limetten
Schale von 1 unbehandelten Limette
50 g Zucker
6 Blatt weiße Gelatine
250 g Magerquark
400 ml Sahne

Außerdem:
1 Limette und rote Belegkirschen
30 g Aprikosenmarmelade
20 g Mandelblättchen zum Bestreuen

1. Die Eier mit dem Zucker und dem Vanillezucker schaumig schlagen. Das Mehl mit der Speisestärke und dem Backpulver vermischen, auf die Eicreme sieben und unterheben.

2. Den Teig in eine mit Backpapier ausgelegte Herzform füllen, glatt streichen und im auf 180 °C vorgeheizten Backofen ca. 25 Minuten backen.

3. Den Boden aus dem Backofen nehmen, auskühlen lassen, aus der Form nehmen, auf ein Kuchengitter setzen, erkalten lassen und den Biskuit oben gerade schneiden.

4. Den Herzrahmen säubern, mit Öl bestreichen und auf eine mit Backpapier belegte Platte legen.

5. Die Ananasscheiben gut abtropfen lassen, auf den Boden und an den Rand der Form legen.

6. Für die Creme den Limettensaft mit der Limettenschale und dem Zucker erwärmen, vom Herd nehmen und die gewässerte, ausgedrückte Gelatine darin auflösen.

7. Kurz vor dem Festwerden den Quark und die steif geschlagene Sahne unterheben. Die Creme auf die Ananasscheiben geben, glatt streichen, den Biskuit darauflegen und das Herz im Kühlschrank durchkühlen lassen.

8. Anschließend den Kuchen aus dem Kühlschrank nehmen, vorsichtig auf eine Tortenplatte stürzen, das Backpapier abziehen und den Herzrahmen entfernen.

9. Das Ananasherz mit Limettenscheiben und Belegkirschen garnieren. Den Biskuitrand mit Aprikosenmarmelade bestreichen und mit Mandelblättchen bestreuen. Das Ananasherz bis zum Verzehr kühl stellen.

Käsekuchen mit Orangen

Für 16 Stücke:

Für den Mürbeteig:
200 g Mehl, 1 Eigelb
150 g Butter, 125 g Zucker
1 Päckchen Zitronenaroma

Außerdem:
Fett und Semmelbrösel für die Form
4 Eier, 175 g Zucker
1 Päckchen Zitronenaroma
500 g Magerquark, 1 Päckchen Vanillepuddingpulver
100 ml Milch, 6 Orangen
1 Päckchen Tortenguss klar
Minze zum Verzieren

1. Die Teigzutaten zu einem glatten Mürbeteig verkneten. Den Teig in Klarsichtfolie wickeln und im Kühlschrank mindestens eine Stunde ruhen lassen.

2. Den Teig in der Größe einer Springform (26 cm Durchmesser) ausrollen, in die gefettete, mit Semmelbröseln ausgestreute Form legen und einen Rand hochziehen.

3. Eier, Zucker und das Zitronenaroma schaumig schlagen. Quark, Puddingpulver und Milch unterrühren, auf dem Teig glatt streichen und im auf 180 °C vorgeheizten Backofen ca. 45 Minuten backen.

4. Den Kuchen in der Form erkalten lassen und auf eine Tortenplatte legen. Die Orangen schälen, in Scheiben schneiden und den Käsekuchen damit belegen.

5. Den Tortenguss nach Packungsanweisung zubereiten, die Orangen damit überziehen und den Guss fest werden lassen. Den Käsekuchen mit Minze verzieren und servieren.

Erdbeer-Sekt-Kuchen

(ohne Abbildung)

Für 12–14 Stücke:

4 Eier, 125 g Zucker
1 Päckchen Vanillezucker
100 g Mehl, 2 gestr. TL Backpulver
75 g Speisestärke, Backpapier

Außerdem:
350 ml Erdbeersekt, 75 g Zucker
11 Blatt Gelatine, 250 g Quark
600 ml Sahne, 250 g Erdbeeren
Haselnusskrokant zum Bestreuen
Erdbeeren zum Verzieren

1. Die Eier mit dem Zucker und dem Vanillezucker in einer Schüssel schaumig schlagen. Das Mehl mit dem Backpulver und der Speisestärke vermischen, auf die Eicreme sieben und unterheben.

2. Die Masse in eine mit Backpapier ausgelegte Springform (26 cm Durchmesser) füllen, glatt streichen und im auf 180–200 °C vorgeheizten Backofen 30 Minuten backen.

3. Den fertig gebackenen Boden aus dem Backofen nehmen und erkalten lassen. Den Biskuitboden

einmal waagerecht durchschneiden und die Oberfläche gerade schneiden. Den unteren Boden auf eine Tortenplatte legen und mit einem Tortenring umschließen.

4. Für die Creme 200 ml Erdbeersekt mit dem Zucker erwärmen. 10 Blatt gut gewässerte Gelatine darin auflösen, vom Herd nehmen und erkalten lassen. Kurz vor dem Festwerden den Quark unterrühren.

5. Die Sahne steif schlagen, unterheben, drei Esslöffel davon beiseitestellen und die verlesenen, gewaschenen, gewürfelten Erdbeeren unterheben. Die Hälfte der Creme auf den Kuchenboden streichen.

6. Den zweiten Boden darauflegen und die restliche Creme darauf glatt streichen. Den Kuchen im Kühlschrank – am besten über Nacht – vollständig durchkühlen lassen. Anschließend den Kuchen aus dem Kühlschrank nehmen.

7. Den restlichen Sekt erwärmen, ein Blatt gewässerte Gelatine darin auflösen, kurz vor dem Festwerden auf den Kuchen geben und fest werden lassen.

8. Den Tortenring abnehmen. Den Rand des Kuchens mit der restlichen Creme bestreichen und rundherum mit Haselnusskrokant bestreuen. Den Kuchen mit Erdbeerscheiben verzieren und bis zum Verzehr kühl stellen.

Vierfruchtkuchen

Für 12–14 Stücke:

Für den Biskuit:
4 Eier, 125 g Zucker
1 Päckchen Zitronenaroma
100 g Mehl
100 g Speisestärke
2 gestrichene TL Backpulver

Außerdem:
Backpapier für die Form
100 g Orangenmarmelade
30 g Mandelblättchen
je 1 kleine Cantaloupe- und Ogenmelone
1 Mango
3 Sharonfrüchte
1 Päckchen Tortenguss klar

1. Die Eier mit dem Zucker und dem Zitronenaroma in eine Schüssel geben und mit den Schneebesen des Handrührgerätes weißschaumig schlagen.

2. Das Mehl mit der Speisestärke und dem Backpulver vermischen, auf die Eicreme sieben und unterheben.

3. Die Masse in eine mit Backpapier ausgelegte Springform (26 cm Durchmesser) füllen, glatt streichen und im auf 180 °C vorgeheizten Backofen 30 Minuten backen.

4. Nach Ende der Backzeit den Biskuit aus dem Backofen nehmen, aus der Form lösen und leicht erkalten lassen.

5. Das Backpapier abziehen und den Biskuit auf einem Kuchengitter erkalten lassen.

6. Den Biskuit oben gerade schneiden, einmal waagerecht durchschneiden und die Böden mit Orangenmarmelade bestreichen.

7. Die Böden zusammensetzen und auf eine Tortenplatte legen. Den Rand des Kuchens mit Orangenmarmelade bestreichen und mit Mandelblättchen bestreuen.

8. Die Melonen schälen, entkernen, eine Melonensorte in Spalten schneiden, aus der anderen mit einem Kugelausstecher Kugeln ausstechen.

9. Die Mango schälen, das Fruchtfleisch vom Kern lösen und in Scheiben schneiden.

10. Die Sharonfrüchte schälen, halbieren, entkernen und in dünne Spalten schneiden.

11. Den Kuchen mit den Mangoscheiben und den Sharonspalten belegen und die Melonen gleichmäßig darauf verteilen.

12. Den Tortenguss nach Packungsanweisung zubereiten. Die Früchte damit überziehen und den Guss trocknen lassen. Den Vierfruchtkuchen bis zum Verzehr kühl stellen.

ANANASTARTE

Für 12–14 Stücke:

200 g Mehl, 1 Eigelb, 125 g Zucker
1 Päckchen Zitronenaroma
150 g Butter, Fett und Semmelbrösel für die Form
getrocknete Hülsenfrüchte zum Blindbacken
1 Päckchen Vanillepuddingpulver
400 ml Ananassaft, 1 EL Zucker
1 frische Ananas
1 Päckchen Tortenguss klar
30 g gehackte Pistazien

1. Aus den Teigzutaten einen glatten, kompakten Mürbeteig kneten, diesen in Klarsichtfolie wickeln und im Kühlschrank mindestens eine Stunde ruhen lassen.

2. Den Teig auf einer bemehlten Arbeitsfläche in der Größe einer Springform (26 cm Durchmesser) ausrollen, in die gefettete, mit Semmelbröseln ausgestreute Form legen und einen Rand hochziehen.

3. Die Hülsenfrüchte auf dem Teig verteilen und diesen im auf 180 °C vorgeheizten Backofen ca. 35 Minuten backen. Nach Ende der Backzeit den Kuchen aus dem Ofen nehmen, die Hülsenfrüchte entfernen, den Kuchen erkalten lassen und auf eine Tortenplatte legen.

4. Aus Puddingpulver, Ananassaft und Zucker einen Pudding kochen, noch heiß auf dem Mürbeteig glatt streichen und erkalten lassen.

5. Die Ananas schälen, vierteln, den Strunk herausschneiden, das Fruchtfleisch in Stücke schneiden und den Kuchen damit belegen. Den Guss nach Packungsanweisung zubereiten, die Tarte damit überglänzen, den Rand mit Pistazien bestreuen und die Ananastarte bis zum Verzehr kühl stellen.

ERDBEER-RÜHRTEIGKUCHEN

(ohne Abbildung)

Für 12–14 Stücke:

250 g Butter, 200 g Zucker
1 Päckchen Vanillezucker, 3 Eier
250 g Mehl, 4 gestr. TL Backpulver
100 g gehackte weiße Schokolade
Fett für die Form
300 g weiße Kuvertüre
6–7 Erdbeeren zum Verzieren
50 g weiße Schokoladenraspel
50 g Mandelblättchen zum Bestreuen

1. Die Butter mit dem Zucker und dem Vanillezucker in einer Schüssel schaumig schlagen.

2. Die Eier nach und nach unterrühren. Das Mehl mit dem Backpulver vermischen, auf die Eicreme sieben und mit der gehackten weißen Schokolade unterrühren.

3. Den Teig in eine ausgefettete Form (26 cm Durchmesser) geben, glatt streichen und in dem auf

180–200 °C vorgeheizten Backofen 50 Minuten backen. Den Boden aus dem Backofen nehmen und in der Form leicht auskühlen lassen. Aus der Form nehmen, auf eine Tortenplatte setzen und erkalten lassen.

4. Die weiße Kuvertüre nach Packungsanweisung schmelzen lassen und den Kuchen damit überziehen.

5. Die Erdbeeren verlesen, waschen, halbieren und mit den Schokoladenraspeln dekorativ auf den Kuchen legen.

6. Den Kuchenrand mit den Mandelblättchen bestreuen und den Kuchen bis zum Verzehr kühl stellen.

Lindauer Apfelkuchen

Für 12–14 Stücke:

Für den Teig:
1 Ei, 3 Eigelb
180 g Zucker
1 Päckchen Vanillezucker
1 Päckchen Orangenaroma
120 g Butter
180 g Mehl
3 Eiweiß

Außerdem:
Fett für die Form
Semmelbrösel zum Ausstreuen
1 kg Äpfel
Saft von 2 Zitronen
50 g Zucker, 4 cl Rum
100 g Mandelblättchen
frische Apfelschnitze zum Verzieren

1. Das Ei mit den Eigelben, dem Zucker, dem Vanillezucker und dem Orangenaroma in eine Schüssel geben und mit den Schneebesen des Handrührgerätes weißschaumig schlagen.

2. Die Butter schaumig schlagen, mit dem gesiebten Mehl zu der Eicreme geben und alles zu einer glatten Masse verrühren.

3. Die Eiweiße zu steifem Schnee schlagen und unter den Teig heben. Eine Springform (26 cm Durchmesser) fetten, mit Semmelbröseln ausstreuen, den Teig einfüllen unter glatt streichen.

4. Die Äpfel schälen, entkernen, in Schnitze schneiden, mit Zitronensaft beträufeln und gleichmäßig auf dem Teig verteilen.

5. Die Äpfel mit Zucker bestreuen, mit Rum beträufeln, die Mandelblättchen darüberstreuen und den Kuchen im auf 180 °C vorgeheizten Backofen 45 Minuten backen.

6. Nach Ende der Backzeit den Kuchen aus dem Backofen nehmen und in der Form erkalten lassen. Anschließend die Springform entfernen, den Kuchen auf eine Tortenplatte setzen, mit frischen Apfelschnitzen verzieren und bis zum Verzehr kühl stellen.

Gedeckter Apfelkuchen

Für 12–14 Stücke:

Für den Mürbeteig:
450 g Mehl
3 Eigelb
75 g Zucker
1 Prise Salz
180 g Butter
50 g Schweineschmalz
50 ml Sahne
Fett für die Form
Semmelbrösel zum Ausstreuen

Für den Belag:
1 kg säuerliche Äpfel
Saft von 2 Zitronen
200 g Rosinen
50 g Zucker

Außerdem:
2 Eigelb
Puderzucker zum Bestäuben
Apfelschnitze zum Verzieren

1. Das Mehl auf eine Arbeitsfläche sieben und eine Mulde eindrücken. Die Eigelbe in die Mulde geben.

2. Den Zucker und das Salz darüberstreuen, die Butter und das Schweineschmalz in Flöckchen daraufsetzen, die Sahne dazugeben und das Ganze von außen nach innen mit bemehlten Händen schnell zu einem glatten, kompakten Teig verkneten.

3. Den Teig in Klarsichtfolie wickeln und im Kühlschrank mindestens eine Stunde ruhen lassen.

4. Anschließend zwei Drittel des Teiges auf einer bemehlten Arbeitsfläche in der Größe einer Springform (26 cm Durchmesser) ausrollen.

5. Die Form fetten, mit Semmelbröseln ausstreuen, den Teig in die Form legen und einen Rand hochdrücken. Den restlichen Teig ebenfalls in der Größe der Springform ausrollen und bereitstellen.

6. Die Äpfel schälen, entkernen und in Scheibchen schneiden. Die Äpfel mit Zitronensaft beträufeln, mit den Rosinen vermischen und gleichmäßig auf dem Teig verteilen.

7. Die Äpfel gleichmäßig mit Zucker bestreuen und mit der zweiten Teigplatte abdecken. Die Eigelbe mit etwas Wasser verrühren und den Teigdeckel damit bestreichen.

8. Den Apfelkuchen im auf 180 °C vorgeheizten Backofen 60 Minuten backen. Nach Ende der Backzeit den Kuchen aus dem Ofen nehmen, in der Form erkalten lassen, aus der Form nehmen, auf eine Tortenplatte setzen und dick mit Puderzucker bestäuben.

9. Den gedeckten Apfelkuchen mit Apfelschnitzen verzieren und bis zum Verzehr kühl stellen.

Aprikosen-Mandel-Schnitten

Für 12–14 Stücke:

Für den Rührteig:
175 g Butter
175 g Zucker
1 Päckchen Vanillezucker
1 Päckchen Zitronenaroma
5 Eier
300 g Mehl
4 TL Backpulver
50 g Mandelstifte
50 ml Aprikosensaft

Außerdem:
Fett für das Blech
Semmelbrösel zum Ausstreuen
2 Dosen Aprikosenhälften (à 480 g)
50 g Mandelstifte
Puderzucker zum Bestäuben

1. Die Butter mit dem Zucker, dem Vanillezucker und dem Zitronenaroma in eine Schüssel geben und mit den Schneebesen des Handrührgerätes weißschaumig schlagen.

2. Die Eier einzeln nach und nach kräftig unterrühren.

3. Das Mehl mit dem Backpulver vermischen, auf die Eicreme sieben, die Mandelstifte darüberstreuen und alles unter die Creme rühren. Zum Schluss den Aprikosensaft unterziehen.

4. Den Teig auf ein gefettetes und mit Semmelbrösel bestreutes Backblech (24 x 35 cm) geben, glatt streichen und die gut abgetropften Aprikosenhälften in den Teig drücken.

5. Den Kuchen mit den Mandelstiften bestreuen und im auf 180 °C vorgeheizten Backofen etwa 40 Minuten backen.

6. Den fertig gebackenen Blechkuchen aus dem Backofen nehmen und auskühlen lassen. Aus der Form nehmen, auf ein Kuchengitter setzen und erkalten lassen.

7. Anschließend den Blechkuchen in Schnitten schneiden und diese auf eine Tortenplatte legen.

8. Die Aprikosen-Mandel-Schnitten mit Puderzucker bestäuben und bis zum Verzehr kühl stellen.

Kirsch-Blechkuchen

Für 16 Stücke:

Für den Rührteig:
190 g Butter, 190 g Zucker
1 Päckchen Vanillezucker
4 Eier, 240 g Mehl
130 g gemahlene, weiße Mandeln
1 TL Zimtpulver
½ Päckchen Backpulver
Fett für das Blech
Semmelbrösel zum Ausstreuen

Für die Füllung:
320 g Magerquark
25 g Speisestärke
75 g Karamellsirup
1 Päckchen Vanillezucker
1 EL geriebene Zitronenschale, 1 Ei
2 Gläser Schattenmorellen

Für die Streusel:
200 g Mehl, 100 g Butter
50 g Zucker
50 g Karamellsirup

1. Die Butter mit dem Zucker und dem Vanillezucker in eine Schüssel geben und weißschaumig schlagen.

2. Die Eier einzeln nach und nach kräftig unter die Masse schlagen.

3. Das gesiebte Mehl mit den Mandeln, dem Zimtpulver und dem Backpulver vermischen.

4. Die Mehlmischung vorsichtig unter die Eicreme ziehen.

5. Die Teigmasse auf ein gefettetes, mit Semmelbröseln bestreutes tiefes Backblech geben und glatt streichen. Den Teig mit einem Teigschaber von der Mitte her zu den Rändern schieben, sodass eine Mulde entsteht.

6. Für die Füllung den Quark glatt rühren. Die Speisestärke, den Karamellsirup, den Vanillezucker, die Zitronenschale und das Ei unter den Quark rühren.

7. Die Schattenmorellen gut abtropfen lassen, mit etwas Speisestärke bestäuben und unter die Quarkmasse heben.

8. Die Kirsch-Quarkmasse auf den Teig geben und verstreichen.

9. Das gesiebte Mehl auf eine Arbeitsfläche geben, die Butter in Flöckchen darauf verteilen, den Zucker darüberstreuen, den Karamellsirup darüberträufeln und das Ganze mit den Händen zu Streuseln verarbeiten.

10. Die Streusel auf dem Blechkuchen verteilen und den Kuchen im auf 180 °C vorgeheizten Backofen 35–40 Minuten backen.

11. Den Kirsch-Blechkuchen anschließend aus dem Ofen nehmen, erkalten lassen, in Stücke schneiden und bis zum Verzehr kühl aufbewahren.

Apfel-Streusel-Kuchen

Für 12–14 Stücke:

500 g Hefeteig (Fertigprodukt)
1 kg säuerliche Äpfel, Saft von
1 Zitrone, 4 TL Rum, 50 g Zucker
Fett und Semmelbrösel für die Form

Für die Streusel:
250 g Semmelbrösel, 125 ml flüssige
Butter, 50 g Zucker
1 TL Zimtpulver
50 g gehackte Mandeln

Außerdem:
Apfelschnitze zum Verzieren

1. Den Hefeteig in der Größe einer Springform (26 cm Durchmesser) ausrollen, in die gefettete und mit Semmelbröseln ausgestreute Form legen und einen Rand hochdrücken.

2. Die Äpfel schälen, entkernen, in Scheiben schneiden und mit Zitronensaft und Rum beträufeln.

3. Für die Streusel die Semmelbrösel mit der flüssigen Butter, dem Zucker, dem Zimtpulver und den Mandeln auf einer Arbeitsfläche vermischen.

4. Die Äpfel gleichmäßig auf dem Teig verteilen, mit den Streuseln bestreuen und den Kuchen in dem auf 180 °C vorgeheizten Backofen etwa 45 Minuten backen.

5. Nach Ende der Backzeit den Apfelkuchen aus dem Ofen nehmen und in der Form erkalten lassen. Anschließend aus der Form nehmen, auf eine Tortenplatte setzen, mit Apfelschnitzen verzieren und bis zum Verzehr kühl stellen.

Orangen-Trauben-Kuchen

(ohne Abbildung)

Für 16 Stücke:

250 g Butter, 180 g Zucker
½ Fläschchen Bittermandelaroma
6 Eier, 250 g Mehl
150 g gemahlene Mandeln
100 g gehackte weiße Schokolade
Fett und Grieß für das Blech
1–2 EL Aprikosenmarmelade
100 g Nusskrokant, 400 ml Sahne
2 Päckchen Sahnesteif, Zucker
500 g grüne und blaue Weintrauben
1 unbehandelte Orange
1 Päckchen Tortenguss klar

1. Die Butter mit Zucker und Bittermandelaroma in eine Schüssel geben und schaumig schlagen. Die Eier einzeln nach und nach einrühren.

2. Das gesiebte Mehl mit den Mandeln und der gehackten Schokolade vermischen, esslöffelweise dazugeben und unterrühren.

3. Ein Backblech fetten, mit Grieß bestreuen, den Teig einfüllen, glatt streichen und den Kuchen in dem auf 180–200 °C vorgeheizten Backofen 35–40 Minuten backen.

4. Den fertig gebackenen Blechkuchen aus dem Backofen nehmen, auskühlen lassen, aus der Form nehmen, auf ein Kuchengitter setzen und erkalten lassen.

5. Anschließend den Rand mit der erhitzten und glatt gerührten Aprikosenmarmelade bestreichen und dick mit Nusskrokant bestreuen.

6. Die Sahne mit Sahnesteif steif schlagen, mit Zucker nach Geschmack süßen und auf den Blechkuchen streichen.

7. Die Weintrauben verlesen, waschen, trocken tupfen und auf dem Kuchen verteilen. Die Orange heiß waschen, trocken reiben, in Scheiben schneiden und dekorativ zwischen die Weintrauben stecken.

8. Den Tortenguss nach Packungsanweisung zubereiten und die Früchte damit überziehen.

9. Den Guss vollständig fest werden lassen, den Kuchen in Stücke schneiden und bis zum Verzehr kühl stellen.

Kirschherz

Für 12–14 Stücke:

2 Eier, 125 g Zucker, 1 Prise Salz
1 Päckchen Vanillezucker, 50 g Mehl
50 g Speisestärke, 1 TL Backpulver
500 g Mascarpone, 50 ml Kirschwasser, 50 g Zucker, 200 ml Sahne
1 Päckchen Sahnesteif, Zucker
1 Dose Kaiserkirschen
1 Päckchen Tortenguss klar
50 g leicht geröstete Mandelstifte
Puderzucker zum Bestäuben

1. Eier, Zucker, Salz und Vanillezucker schaumig schlagen. Mehl, Speisestärke und Backpulver vermischen, über die Eicreme sieben und unterheben. Ein Backblech mit Backpapier belegen und einen großen Herzrahmen daraufsetzen.

2. Die Masse einfüllen, glatt streichen und im auf 180 °C vorgeheizten Ofen 25–30 Minuten backen.

3. Den Boden erkalten lassen, auf eine Tortenplatte legen und mit dem Herzrahmen umschließen.

4. Den Mascarpone mit Kirschwasser und Zucker glatt rühren. Die Sahne mit Sahnesteif steif schlagen, mit Zucker süßen und unter den Mascarpone heben.

5. Die Creme auf das Herz geben und so glatt streichen, dass nach innen eine Mulde entsteht. Die gut abgetropften Kaiserkirschen in die Mulde füllen.

6. Den Tortenguss nach Packungsanweisung zubereiten, die Kirschen damit überziehen und im Kühlschrank fest werden lassen.

7. Dann aus dem Kühlschrank nehmen, den Rahmen entfernen, das Herz am Rand mit Mandeln bestreuen, mit Puderzucker bestäuben und bis zum Verzehr kühl stellen.

Birnenkuchen

(ohne Abbildung)

Für 16 Stücke:

250 g Butter, 225 g Zucker
2 Päckchen Vanillezucker
4 Eier, 500 g Mehl
1 Päckchen Backpulver
100 ml Birnensaft
Fett für das Blech
2 Dosen Birnenhälften
100 g Aprikosenmarmelade
Krokant zum Bestreuen
Minze zum Verzieren

1. Die Butter mit dem Zucker und dem Vanillezucker in eine Schüssel geben und mit den Schneebesen des Handrührgerätes weißschaumig schlagen.

2. Die Eier einzeln nach und nach kräftig unterrühren.

3. Das Mehl mit dem Backpulver vermischen, auf die Eicreme sieben und unterheben. Zum Schluss den Birnensaft unterrühren.

4. Den Teig auf ein gefettetes Backblech geben, glatt streichen und die gut abgetropften Birnen hineindrücken.

5. Den Kuchen im auf 180 °C vorgeheizten Backofen 45–50 Minuten backen, herausnehmen und mit der verrührten Aprikosenmarmelade glasieren.

6. Den Birnenkuchen mit Krokant bestreuen und erkalten lassen. In Stücke schneiden, dekorativ anrichten, mit Minze verzieren und bis zum Verzehr kühl stellen.

Puddingkuchen mit Erdbeeren

Für 12–14 Stücke:

Für den Mürbteig:
200 g Mehl, 75 g Zucker
1 Prise Salz
1 Päckchen Vanillezucker
1 Eigelb, 125 g Butter
Fett für die Form, Backpapier
getrocknete Linsen oder Erbsen zum Blindbacken

Für die Füllung:
1 Päckchen (2 Beutel) Schlemmercreme Vanille, 600 ml kalte Milch
500 g frische Erdbeeren
250 ml Sahne, 1 Päckchen Sahnesteif
Zucker nach Geschmack

Außerdem:
50 g gehackte Pistazien

1. Das gesiebte Mehl mit dem Zucker, dem Salz und dem Vanillezucker auf eine Arbeitsfläche geben, eine Mulde in die Mitte drücken und das Eigelb hineingleiten lassen.

2. Die Butter in Flöckchen daraufsetzen und das Ganze zu einem glatten Teig verkneten. Den Teig in Klarsichtfolie wickeln und im Kühlschrank eine Stunde ruhen lassen.

3. Den Teig auf einer bemehlten Arbeitsfläche ausrollen. Eine ausgefettete Springform (26 cm Durchmesser) damit auslegen, einen kleinen Rand hochziehen und den Boden mit einer Gabel mehrmals einstechen.

4. Den Teig mit Backpapier abdecken, getrocknete Linsen oder Erbsen einfüllen und den Boden im auf 180–200 °C vorgeheizten Backofen 12–15 Minuten blindbacken.

5. Die Schlemmercreme mit der Milch in ein Rührgefäß geben, mit den Schneebesen des Handrührgerätes zuerst auf niedrigster Stufe verrühren und dann auf höchster Stufe drei Minuten schlagen, bis eine lockere, sahnige Creme entstanden ist.

6. Den fertig gebackenen Boden aus dem Backofen nehmen und die Linsen oder Erbsen mit dem Backpapier entfernen. Den Boden aus der Form nehmen, vollständig erkalten lassen und auf eine Tortenplatte setzen.

7. Die Erdbeeren putzen, waschen, in Scheiben schneiden oder vierteln. Die Hälfte der Schlemmercreme auf dem Teigboden glatt streichen. Die Hälfte der Erdbeeren darauf verteilen, die restliche Creme darübergeben und glatt streichen.

8. Die Sahne mit dem Sahnesteif steif schlagen, mit Zucker süßen, in einen Spritzbeutel mit Lochtülle füllen und Tupfen auf den Kuchen dressieren. Den Kuchen mit den restlichen Erdbeeren belegen, mit Pistazien bestreuen und bis zum Verzehr kühl stellen.

Havannatorte mit Rumsahne

Für 12–14 Stücke:

Für das Nussbaiser:
9 Eiweiß, 225 g Zucker
225 g gemahlene Haselnüsse
½ TL Zimtpulver, 90 g Mehl
Backpapier für die Bleche

Für die Füllung:
2 Dosen Ananas oder entsprechende Menge frische Ananas
400 ml Sahne, 2 Päckchen Sahnesteif
2 TL Vanillezucker, Zucker nach Geschmack, 4 cl weißer Rum

Außerdem:
Puderzucker zum Bestäuben
100 ml Sahne, 1 Päckchen Sahnesteif
1 TL Vanillezucker
frische Ananasstücke zum Verzieren

1. Die Eiweiße in eine Schüssel geben und mit dem Schneebesen oder dem Handrührgerät schaumig schlagen. Den Zucker unter ständigem Schlagen einrieseln lassen und so lange weiterschlagen, bis sich der Zucker vollständig aufgelöst hat.

2. Die gemahlenen Haselnüsse mit dem Zimtpulver und dem gesiebten Mehl vermischen und unter den Eischnee ziehen.

3. 4–5 EL Baisermasse in einen Spritzbeutel mit Lochtülle füllen. Zwei Backbleche mit Backpapier belegen und jeweils einen Boden (28 cm Durchmesser) aufstreichen.

4. Kleine Ornamente aus der restlichen Baisermasse aufspritzen, die Backbleche in den auf 60 °C vorgeheizten Backofen geben und 7–8 Stunden, besser noch über Nacht, trocknen lassen.

5. Nach dem Trocknen die Böden und die Baiserornamente aus dem Backofen nehmen, vorsichtig vom Backpapier lösen und einen Boden auf eine Tortenplatte legen.

6. Die Ananasscheiben gut abtropfen lassen, mit Küchenkrepp abtupfen und auf den Baiserboden legen.

7. Die Sahne mit dem Sahnesteif steif schlagen, mit Vanillezucker und Zucker nach Geschmack süßen und mit dem Rum aromatisieren.

8. Die Sahne gleichmäßig auf den Ananasscheiben verteilen und glatt streichen. Den zweiten Boden darauflegen und das Ganze mit dem Puderzucker bestäuben.

9. Die restliche Sahne mit dem Sahnesteif steif schlagen und mit Vanillezucker und Zucker süßen.

10. In einen Spritzbeutel mit Lochtülle füllen und Tupfen auf den Kuchen dressieren. Mit den Baiserornamenten und frischen Ananasstücken verzieren und den Kuchen bis zum Verzehr kühl stellen.

Erdbeer-Karamell-Tarte

Für 12–14 Stücke:

Für den Mürbeteig:
200 g Mehl, 1 Päckchen Vanillezucker, 1 Prise Salz, 125 g Zucker
1 Eigelb, 125 g Butter
Fett für die Form
Semmelbrösel zum Ausstreuen
getrocknete Hülsenfrüchte zum Blindbacken, Alufolie

Für den Belag:
750 g frische Erdbeeren
50 g Zucker
100 g Erdbeermarmelade
500 ml Milch
1 Päckchen Karamellpuddingpulver
30 g Zucker

Außerdem:
Puderzucker zum Bestäuben

1. Das gesiebte Mehl mit dem Vanillezucker, dem Salz und dem Zucker vermischen und auf eine Arbeitsfläche geben.

2. Eine Mulde in die Mitte drücken, das Eigelb hineingleiten lassen und die Butter in Flöckchen an den Rand setzen.

3. Das Ganze mit bemehlten Händen von außen nach innen schnell zu einem glatten, kompakten Teig verkneten.

4. Den Teig in Klarsichtfolie wickeln und im Kühlschrank mindestens eine Stunde ruhen lassen.

5. Anschließend den Teig auf einer bemehlten Arbeitsfläche ausrollen, eine gefettete und mit Semmelbröseln ausgestreute Springform (26 cm Durchmesser) damit auslegen und dabei einen kleinen Rand hochziehen.

6. Den Boden mit Alufolie auslegen, die Hülsenfrüchte einfüllen und den Boden im auf 180 °C vorgeheizten Backofen 35 Minuten backen.

7. In der Zwischenzeit die Erdbeeren putzen, waschen, klein schneiden und mit Zucker bestreuen.

8. Den Boden aus dem Ofen nehmen, vorsichtig aus der Springform lösen, auf eine Tortenplatte setzen und die Hülsenfrüchte mit der Alufolie entfernen.

9. Den Boden mit Erdbeermarmelade bestreichen und die Erdbeeren darauf verteilen.

10. Aus der Milch, dem Karamellpuddingpulver und dem Zucker nach Packungsanweisung einen Pudding kochen.

11. Den Pudding unter mehrmaligem Rühren erkalten lassen und auf den Erdbeeren verteilen.

12. Die Tarte mit Puderzucker bestäuben, in Stücke schneiden, dekorativ anrichten und sofort servieren.

Gestürzter Käsekuchen

Für 16 Stücke:

Fett, Semmelbrösel und Backpapier für die Form, 3 Eier
125 g Zucker, 1 Päckchen Zitronenaroma, 1 Päckchen Vanillepuddingpulver, 1 kg Magerquark
200 ml Milch (1,5 % Fett)
3 Äpfel, 1 Päckchen Tortenguss klar

1. Den Backofen auf 200 °C vorheizen. Den Rand einer Springform (26 cm Durchmesser) fetten, mit Semmelbröseln bestreuen und den Boden mit Backpapier belegen.

2. Eier mit Zucker und Zitronenaroma schaumig schlagen. Das Puddingpulver, dann den Magerquark und die Milch unterrühren.

3. Einen Apfel schälen, entkernen, würfeln und unter die Quarkmasse heben. Die Masse in die Springform füllen und im Backofen ca. 50 Minuten backen.

4. Den Käsekuchen aus dem Ofen nehmen und in der Form erkalten lassen. Anschließend auf eine Tortenplatte stürzen und das Backpapier abziehen.

5. Die Äpfel waschen, halbieren, entkernen, in feine Spalten schneiden und den Käsekuchen damit belegen.

6. Den Tortenguss nach Packungsanweisung zubereiten und die Äpfel damit überziehen. Den Guss fest werden lassen. Den gestürzten Käsekuchen dekorativ anrichten und servieren.

Apfel-Joghurt-Teilchen

(ohne Abbildung)

Für 8 Stück:

Für den Mürbeteig:
300 g Mehl
1 Päckchen Backpulver
1 Ei, 50 g Zucker
200 g Joghurt

Außerdem:
2 große Äpfel
50 ml Milch (1,5 % Fett)
Backpapier für das Blech
50 g Diät-Aprikosenmarmelade

1. Das Mehl mit dem Backpulver vermischen, auf eine Arbeitsfläche sieben, eine Mulde eindrücken und das Ei hineingeben.

2. Den Zucker darüberstreuen, den Joghurt in Flöckchen auf das Mehl setzen und alles mit bemehlten Händen zu einem glatten Teig verkneten. Den Teig kurz ruhen lassen und anschließend mit etwas Mehl nochmals verkneten.

3. Den Teig auf einer bemehlten Arbeitsfläche ausrollen, acht Kreise à 10 cm Durchmesser und acht Kreise à 4 cm Durchmesser ausstechen.

4. Die Äpfel waschen, halbieren, entkernen, in Spalten schneiden und auf den großen Teigkreisen verteilen. Mit Zucker nach Geschmack bestreuen.

5. Die Teigränder mit Milch bestreichen, die Seiten nach oben klappen, zusammendrücken und mit je einem kleinen Teigkreis belegen.

6. Die Teilchen mit Milch bestreichen, auf ein mit Backpapier belegtes Backblech setzen und im auf 180 °C vorgeheizten Backofen ca. 20 Minuten backen.

7. Die Diät-Aprikosenmarmelade erhitzen und durch ein Sieb streichen. Die Apfel-Joghurt-Teilchen nach Ende der Backzeit aus dem Ofen nehmen, mit der Marmelade glasieren und auf einem Kuchengitter erkalten lassen. Die Apfel-Joghurt-Teilchen anrichten und servieren.

Leichte Limettenschnitten

Für 16 Stücke:

Für den Biskuit:
3 Eier, 100 g Zucker, 1 Päckchen Zitronenaroma, 75 g Mehl, 75 g Speisestärke, 2 gestrichene TL Backpulver, Backpapier für das Blech

Für die Creme:
150 ml Molke, Saft und Schale von 2 unbehandelten Limetten
50 g Zucker, 5 Blatt weiße Gelatine
500 g Quark, 200 ml süße Sahne

Außerdem:
Limettenscheiben und Physalis zum Verzieren

1. Eier, Zucker und Zitronenaroma schaumig schlagen. Mehl mit Stärke und Backpulver vermischen, auf die Eicreme sieben und unterheben.

2. Einen Schnittenrahmen (24 x 32 cm) auf ein mit Backpapier belegtes Backblech stellen. Die Masse einfüllen, glatt streichen und im auf 180 °C vorgeheizten Backofen 25 Minuten backen.

3. Den Kuchen aus dem Ofen nehmen, das Backpapier abziehen und den Biskuit erkalten lassen. Den Biskuit oben gerade schneiden und auf eine Tortenplatte legen.

4. Molke, Limettensaft und -schale und Zucker erwärmen. Die gewässerte, ausgedrückte Gelatine darin auflösen und den Quark einrühren.

5. Die Sahne steif schlagen und unterheben. Die Quarkcreme auf dem Biskuit glatt streichen und im Kühlschrank fest werden lassen. Den Kuchen mit Limettenscheiben und Physalis verzieren, in Schnitten teilen, anrichten und servieren.

Erdbeerschnitten

(ohne Abbildung)

Für 16–20 Stücke:

Für den Biskuit:
4 Eiweiß, 4 EL kaltes Wasser, 200 g Zucker, 1 Päckchen Zitronenzucker
4 Eigelb, 160 g Mehl, 40 g Speisestärke, 1 gestrichener TL Backpulver
Backpapier für das Blech

Außerdem:
2 Päckchen Vanillepuddingpulver
3–4 EL Zucker, 750 ml Milch
375 g Butter, 50 g sehr fein geriebene Schokolade, 500 g Erdbeeren

1. Eiweiß mit Wasser, Zucker und Zitronenzucker steif schlagen. Eigelbe unterheben. Mehl mit Speisestärke und Backpulver vermischen, darübersieben und unterheben.

2. Die Masse auf ein mit Backpapier belegtes Backblech streichen und im auf 180–200 °C vorgeheizten Backofen 15–20 Minuten backen. Herausnehmen, auf ein Kuchengitter stürzen, das Backpapier abziehen und den Boden erkalten lassen.

3. Aus Puddingpulver, Zucker und Milch einen Pudding kochen, vom

Herd nehmen und erkalten lassen. Butter schaumig rühren und den Pudding esslöffelweise einrühren.

4. Die Creme in einen Spritzbeutel füllen und Tupfen auf den Boden spritzen. Im Kühlschrank gut durchkühlen lassen.

5. Den Kuchen mit der geriebenen Schokolade bestreuen. Die Erdbeeren verlesen, waschen, trocken tupfen, nach Bedarf halbieren oder vierteln und auf dem Kuchen verteilen. Den Erdbeer-Schoko-Kuchen in Stücke schneiden und servieren.

Erdbeer-Baiser-Kuchen

Für 12–14 Stücke:

Für den Baiserboden:
6 Eiweiß
175 g Zucker
1 Päckchen Vanillezucker
150 g gemahlene Mandeln
50 g Speisestärke
Fett für die Form
Mehl zum Bestäuben

Für die Füllung:
500 g Mascarpone
80–100 g Zucker
1 Päckchen Vanillezucker
4 cl Orangenlikör
Saft von 1 Zitrone
200 ml Sahne
1 Päckchen Sahnesteif

Außerdem:
750 g Erdbeeren
1 Päckchen Tortenguss rot
2 gehäufte EL Zucker
250 ml Wasser
Melisseblättchen zum Verzieren

1. Die Eiweiße in einer Schüssel zu steifem Schnee schlagen. Den Zucker und den Vanillezucker vermischen und unter ständigem Schlagen einrieseln lassen. So lange weiterschlagen, bis sich der Zucker vollständig aufgelöst hat.

2. Die gemahlenen Mandeln und die Speisestärke vermischen und vorsichtig unterheben.

3. Die Masse in eine gefettete und mit Mehl ausgestäubte Springform (26 cm Durchmesser) geben und so verstreichen, dass von der Mitte hin zum Rand eine Mulde entsteht.

4. Den Baiserboden im auf 100 °C vorgeheizten Backofen 6–8 Stunden – am besten über Nacht – trocknen lassen.

5. Den fertigen Baiserboden aus dem Backofen nehmen, vorsichtig aus der Form lösen und auf einem Kuchengitter erkalten lassen.

6. Für die Füllung den Mascarpone mit dem Zucker, dem Vanillezucker, dem Orangenlikör und dem Zitronensaft in eine Schüssel geben und glatt rühren. Die Sahne mit dem Sahnesteif steif schlagen und unter den Mascarpone rühren.

7. Die Masse auf den Baiserboden geben und glatt streichen. Die Erdbeeren verlesen, waschen, abtropfen lassen, in Scheiben schneiden und gleichmäßig auf der Mascarponecreme verteilen.

8. Den Tortenguss mit dem Zucker und dem Wasser nach Packungsanweisung zubereiten und die Früchte damit überziehen.

9. Den Guss vollständig fest werden lassen, den Erdbeer-Baiser-Kuchen mit Melisseblättchen verzieren und bis zum Verzehr kühl stellen.

Apfelkuchen mit Mürbeteiggitter

Für 12–14 Stücke:

Für den Mürbeteig:
300 g Mehl, 1 Ei
200 g Zucker
1 Päckchen Vanillezucker
175 g Butter
Fett für die Form
Semmelbrösel zum Ausstreuen

Für die Füllung:
1 kg Äpfel
½ TL Zimtpulver
50 g Zucker
125 g Zwieback

Außerdem:
100 g Aprikosenmarmelade zum Bestreichen

1. Das Mehl auf eine Arbeitsfläche sieben, eine Mulde eindrücken und das Ei hineingeben.

2. Den Zucker und den Vanillezucker darüberstreuen, die Butter in Flöckchen auf das Mehl setzen und die Zutaten von außen nach innen mit bemehlten Händen schnell zu einem glatten, kompakten Teig verarbeiten.

3. Den Teig in Klarsichtfolie wickeln und im Kühlschrank mindestens eine Stunde ruhen lassen.

4. Eine gefettete Springform (26 cm Durchmesser) mit den Semmelbröseln ausstreuen. Zwei Drittel des Teiges auf einer bemehlten Arbeitsfläche in der Größe der Form ausrollen, den Teig in die Form legen und einen Rand hochziehen.

5. Für die Füllung die Äpfel schälen, entkernen, in Spalten schneiden und in eine Schüssel geben.

6. Das Zimtpulver mit dem Zucker vermischen und mit dem geriebenen Zwieback unter die Apfelspalten mischen. Die Apfelspalten auf dem Teig verteilen.

7. Den restlichen Teig auf einer bemehlten Arbeitsfläche ausrollen und mit dem Teigrädchen Streifen ausschneiden. Diese gitterförmig auf die Füllung legen.

8. Den Kuchen im auf 180 °C vorgeheizten Backofen 45–50 Minuten backen. Den fertig gebackenen Kuchen aus dem Backofen nehmen und mit der glatt gerührten Aprikosenmarmelade bestreichen.

9. Den Apfelkuchen mit Mürbeteiggitter erkalten lassen, auf eine Kuchenplatte setzen, in Stücke schneiden, dekorativ anrichten und bis zum Verzehr kühl stellen.

Pfirsich-Streuselkuchen

Für 16 Stücke:

Für den Rührteig:
250 g Butter, 200 g Zucker
abgeriebene Schale von ½ Zitrone
1 Päckchen Vanillezucker, 4 Eier
250 g Mehl, 3 TL Backpulver
250 g gemahlene, gemischte Nüsse
Fett und Semmelbrösel für das Blech
1 Dose Pfirsiche

Für die Streusel:
80 g Butter, 80 g Zucker, 1 Päckchen Vanillezucker, 140 g Mehl

Außerdem:
Puderzucker zum Bestäuben

1. Butter, Zucker, Zitronenschale und Vanillezucker schaumig schlagen. Die Eier einzeln nach und nach darunterschlagen.

2. Das gesiebte Mehl mit dem Backpulver und den gemahlenen Nüssen vermischen und unter die Schaummasse rühren.

3. Ein Backblech fetten, mit Semmelbröseln bestreuen, den Teig einfüllen und glatt streichen. Die Pfirsiche abtropfen lassen, in Spalten schneiden und auf den Teig legen.

4. Für die Streusel Butter, Zucker, Vanillezucker und gesiebtes Mehl auf eine Arbeitsfläche geben, mit den Händen verkneten und zerbröseln. Die Streusel gleichmäßig auf den Pfirsichen verteilen.

5. Den Kuchen im auf 180 °C vorgeheizten Backofen 45 Minuten backen, herausnehmen, erkalten lassen, nach Geschmack mit Puderzucker bestäuben und bis zum Verzehr kühl stellen.

Schwäbischer Datschi

(ohne Abbildung)

Für 16 Stücke:

Für den Hefeteig:
20 g Hefe, 200 g Zucker, 100 ml lauwarme Milch, 375 g Mehl
3 Päckchen Vanillezucker, 1 Ei
75 g Butter, Backpapier

Außerdem:
Semmelbrösel zum Bestreuen
1,5 kg Zwetschgen, 250 g Schwarzbrot, ½ TL Zimt, 3 EL Wasser
Mandelblättchen zum Bestreuen

1. Hefe mit etwas Zucker und etwas lauwarmer Milch verrühren. Mehl in eine Schüssel sieben, eine Mulde eindrücken, die Hefemilch hineingeben und das Ganze zugedeckt an einem warmen Ort zur doppelten Menge aufgehen lassen.

2. 50 g Zucker und ein Päckchen Vanillezucker darüberstreuen. Das Ei, die weiche Butter und die restliche lauwarme Milch dazugeben und alles zu einem glatten Teig verkneten. Den Teig zugedeckt an einem warmen Ort gehen lassen.

3. Anschließend den Teig auf einer bemehlten Arbeitsfläche in der Größe eines Backbleches ausrollen und auf das mit Backpapier belegte Blech legen, dabei einen Rand hochziehen.

4. Den Teig mit Semmelbröseln bestreuen. Zwetschgen waschen, gut abtropfen lassen, halbieren, entkernen und auf den Teig legen.

5. Das Schwarzbrot reiben, mit 150 g Zucker, 2 Päckchen Vanillezucker und dem Zimt vermischen.

6. Das Wasser dazugeben und die Bröselmischung auf den Zwetschgen verteilen.

7. Den Kuchen im auf 180 °C vorgeheizten Backofen 40–45 Minuten backen, herausnehmen und erkalten lassen.

8. Den schwäbischen Datschi mit Mandelblättchen bestreuen, in Stücke schneiden, auf einer Tortenplatte dekorativ anrichten und servieren.

Apfel-Pflaumen-Kuchen

Für 12–14 Stücke:

Für den Mürbeteig:
300 g Mehl
½ Päckchen Backpulver
100 g Zucker, 2 Eier
200 g Butter
Fett für die Form

Für die Füllung:
2 EL Semmelbrösel
6 große Pflaumenhälften
500 g Äpfel
Saft von 1 Zitrone

Für den Guss:
2 Eier, 100 g Zucker
1 Päckchen Zitronenaroma
250 g Magerquark
200 ml Sahne
1 Päckchen Vanillepuddingpulver

Außerdem:
100 g Aprikosenmarmelade
Minzeblättchen zum Verzieren

1. Das Mehl mit dem Backpulver auf eine Arbeitsfläche sieben, den Zucker darüberstreuen und eine Mulde in die Mitte drücken.

2. Die Eier hineingleiten lassen, die Butter in Flöckchen an den Rand setzen und das Ganze zu einem glatten Teig verkneten.

3. Den Teig in Klarsichtfolie wickeln und im Kühlschrank eine Stunde ruhen lassen.

4. Anschließend den Teig auf einer bemehlten Arbeitsfläche ausrollen und eine ausgefettete Springform (26 cm Durchmesser) damit auslegen, dabei einen 3 cm hohen Rand formen.

5. Den Boden mit einer Gabel mehrmals einstechen, mit den Semmelbröseln bestreuen und die Pflaumenhälften mit den Schnittflächen nach unten auf den Teig setzen.

6. Die Äpfel schälen, entkernen, in Stücke schneiden, mit Zitronensaft beträufeln und auf der Teigmitte verteilen.

7. Die Eier mit dem Zucker und dem Zitronenaroma in einer Schüssel verschlagen. Den Quark mit der Sahne glatt rühren und das Vanillepuddingpulver unterrühren.

8. Die Masse auf die Früchte geben, glatt streichen und den Kuchen im auf 180–200 °C vorgeheizten Backofen 45–50 Minuten backen.

9. Den fertig gebackenen Kuchen aus dem Backofen nehmen und in der Form erkalten lassen.

10. Den Kuchen aus der Form lösen und mit der erhitzten und durch ein Sieb gestrichenen Aprikosenmarmelade bestreichen.

11. Den Apfel-Pflaumen-Kuchen mit Minzeblättchen belegen, in Stücke schneiden, dekorativ anrichten und bis zum Verzehr kühl stellen.

Spanischer Apfelkuchen

Für 12–14 Stücke:

3–4 Äpfel
125 ml Rum
200 g Butter
200 g Zucker
4 Eier
125 g gehackte Nüsse
2 EL Kakaopulver
1 TL Zimtpulver
1 TL Backpulver
200 g Mehl
Butter zum Ausfetten

Außerdem:
weiße Kuvertüre zum Verzieren
Apfelschnitze zum Belegen

1. Die Äpfel schälen, entkernen, in Würfel schneiden und mit der Hälfte des Rums tränken.

2. Die Butter mit dem Zucker in einer Schüssel schaumig schlagen. Die Eier einzeln nach und nach kräftig einrühren.

3. Die gehackten Nüsse mit dem gesiebten Kakao, dem Zimtpulver, dem Backpulver und dem gesiebten Mehl vermischen und unter den Teig rühren. Den restlichen Rum und die Apfelwürfel unterheben.

4. Den Teig in eine ausgefettete Springform füllen, glatt streichen und im auf 180 °C vorgeheizten Backofen 40-45 Minuten backen.

5. Nach Ende der Backzeit den Spanischen Apfelkuchen aus dem Backofen nehmen, in der Form erkalten lassen, aus der Form nehmen und auf eine Tortenplatte setzen.

6. Die weiße Kuvertüre raspeln und im Wasserbad schmelzen. In einen Spritzbeutel mit sehr kleiner Öffnung füllen und den Spanischen Apfelkuchen damit verzieren.

7. Die Apfelschnitze zur Hälfte in die restliche Kuvertüre tauchen und den Apfelkuchen damit belegen.

8. Den Spanischen Apfelkuchen dekorativ anrichten und servieren.

Erdbeerkuchen

Für 10 Stücke:

Für den Rührteig:
175 g Butter, 175 g Zucker
1 Päckchen Zitronenaroma
1 Päckchen Orangenaroma
5 Eier, 100 g Speisestärke
250 g Mehl, 1 Päckchen Backpulver
50 ml Milch

Außerdem:
Fett und Semmelbrösel für das Blech
je 100 g Erdbeermarmelade und Honig, 1 kg Erdbeeren
2 Päckchen Tortenguss rot
frische Erdbeeren zum Verzieren

1. Butter, Zucker, Zitronen- und Orangenaroma schaumig schlagen. Die Eier nach und nach einzeln kräftig darunterschlagen. Speisestärke, Mehl und Backpulver über den Schaum sieben und mit der Milch unter die Teigmasse rühren. Ein Backblech (24 x 32 cm) fetten und mit Semmelbröseln bestreuen.

2. Den Teig einfüllen, glatt streichen und im auf 180 °C vorgeheizten Backofen 40 Minuten backen. Den Kuchen aus dem Backofen nehmen, erkalten lassen, einmal waagerecht durchschneiden und auf der Oberfläche gerade schneiden.

3. Marmelade und Honig erwärmen, durch ein Sieb streichen und beide Böden damit bestreichen. Die Böden zusammensetzen.

4. Die Erdbeeren verlesen, waschen, halbieren und den Kuchen belegen. Den Tortenguss zubereiten, die Früchte damit überziehen und den Guss fest werden lassen. Den Erdbeerkuchen in Stücke schneiden, mit frischen Erdbeeren verzieren und bis zum Verzehr kühl stellen.

Orangen-Knusperschnitten

(ohne Abbildung)

Für 12 Stücke:

4 Eier
125 g Zucker
1 Päckchen Vanillezucker
4 TL geriebene Orangenschale
225 g Mehl
2 gestrichene TL Backpulver
Fett für die Form
Mehl zum Bestäuben
4 Orangen

1. Die Eier mit dem Zucker, dem Vanillezucker und der geriebenen Orangenschale in eine Schüssel geben und mit den Schneebesen des Handrührgerätes stark schaumig schlagen. Das Mehl mit dem Backpulver vermischen, auf die Eicreme sieben und unterheben.

2. Den Teig in eine ausgefettete, mit Mehl bestäuben Kastenform (ca. 24 x 11 cm) füllen, glatt streichen und im auf 180 °C vorgeheizten Backofen ca. 40 Minuten backen.

3. Das Orangenbrot aus dem Ofen nehmen und auf einem Kuchengitter erkalten lassen.

4. Am nächsten Tag das Orangenbrot in ca. 2 cm dicke Scheiben schneiden und im auf 200 °C vorgeheizten Backofen auf beiden Seiten goldbraun rösten. Mit den geschälten, in Scheiben geschnittenen Orangen belegen und noch warm sofort servieren.

Ananasschnitten

Für 16 Stücke:

400 g Vollkornzwieback
50 g Zucker, 250 g Butter

Für die Creme:
200 ml Ananassaft, 50 g Zucker
8 Blatt weiße Gelatine
600 g Ananasjoghurt
400 ml süße Sahne

Außerdem:
500 g frische Ananas
50 g gehackte Pistazien

1. Zwieback fein mahlen. Zucker und weiche Butter dazugeben und zu einem glatten Teig verkneten.

2. Backpapier auf eine Tortenplatte legen, einen Schnittenrahmen (24 x 34 cm) daraufsetzen, den Teig hineingeben und mit den Händen gut andrücken.

3. Ananassaft mit Zucker erhitzen, die gewässerte Gelatine ausdrücken und im Saft auflösen.

4. Kurz vor dem Festwerden den Joghurt und die geschlagene Sahne unterziehen.

5. Die Masse auf den Bröselboden geben, glatt streichen und im Kühlschrank vollständig durchkühlen lassen.

6. Den Schnittenrahmen entfernen, den Kuchen in Stücke schneiden, mit Ananasstückchen und gehackten Pistazien verzieren. Die Ananasschnitten bis zum Verzehr kühl stellen.

Mirabellenkuchen

(ohne Abbildung)

Für 16 Stücke:

Für den Rührteig:
250 g Butter, 225 g Zucker, 4 Eier
1 Beutel Orange-back, 100 g gemahlene Mandeln, 300 g Mehl
1 Päckchen Backpulver

Außerdem:
Fett für das Blech, 2,5 kg Mirabellen
100 g Schmand, 50 g Zucker, 2 Eier
100 g gehobelte Mandeln
100 g Aprikosenmarmelade

1. Die Butter mit Zucker schaumig schlagen. Die Eier einzeln nach und nach kräftig unterrühren. Orangeback und Mandeln unterheben.

2. Das gesiebte Mehl mit dem Backpulver vermischen und unter die Eicreme rühren.

3. Den Teig auf ein gefettetes Backblech geben und glatt streichen. Die verlesenen, gewaschenen und entsteinten Mirabellen trocken tupfen und gleichmäßig auf dem Teig verteilen.

4. Den Schmand mit dem Zucker und den Eiern in einer Schüssel gut verrühren.

5. Die Creme über die Mirabellen geben und glatt streichen. Mit den gehobelten Mandeln bestreuen und den Kuchen im auf 180 °C vorgeheizten Backofen 45–50 Minuten backen.

6. Nach Ende der Backzeit den Mirabellenkuchen aus dem Ofen nehmen und abkühlen lassen.

7. Die Aprikosenmarmelade in einem Topf erwärmen und glatt rühren. Den Mirabellenkuchen damit aprikotieren, vollständig trocknen lassen und bis zum Verzehr kühl aufbewahren.

Himbeerkuchen mit Frischkäse

Für 12–14 Stücke:

Für den Mürbeteig:
200 g Mehl
120 g Zucker
1 Prise Salz
1 Päckchen Zitronenaroma
1 Eigelb, 150 g Butter
Fett für die Form
Semmelbrösel zum Ausstreuen

Für die Füllung:
400 g Frischkäse
1 Päckchen Zitronenaroma
3 Eier, 25 g Speisestärke
125 g Zucker
200 ml Sahne

Außerdem:
750 g frische Himbeeren
1 Päckchen Tortenguss klar
Pfefferminzblättchen zum Verzieren

1. Das gesiebte Mehl mit dem Zucker, dem Salz und dem Zitronenaroma auf eine Arbeitsfläche geben und eine Mulde in die Mitte drücken.

2. Das Eigelb hineingleiten lassen, die Butter in Flöckchen an den Rand setzen und das Ganze zu einem glatten Teig verkneten.

3. Den Teig in Klarsichtfolie wickeln und im Kühlschrank eine Stunde ruhen lassen.

4. Anschließend aus dem Kühlschrank nehmen, die Folie entfernen, den Teig kurz durchkneten und auf einer bemehlten Arbeitsfläche ausrollen.

5. Eine Springform (26 cm Durchmesser) fetten, mit Semmelbröseln ausstreuen, den Teig hineinlegen und einen Rand hochdrücken.

6. Den Frischkäse mit dem Zitronenaroma, den Eiern, der Speisestärke und dem Zucker in einer Schüssel verrühren und zum Schluss die steif geschlagene Sahne unterziehen.

7. Die Masse auf dem Mürbeteigboden verteilen und den Kuchen im auf 180–200 °C vorgeheizten Backofen 40–45 Minuten backen.

8. Den Kuchen aus dem Backofen nehmen und in der Form erkalten lassen.

9. Den Kuchen aus der Form lösen, auf eine Tortenplatte setzen und mit den verlesenen Himbeeren dekorativ belegen.

10. Den Tortenguss nach Packungsanweisung zubereiten und gleichmäßig auf den Himbeeren verteilen.

11. Den Guss vollständig erkalten lassen, den Himbeerkuchen mit Pfefferminzblättchen verzieren, in Stücke schneiden und bis zum Verzehr kühl stellen.

Beerenkuchen mit Schokolade

Für 16 Stücke:

Für den Quark-Öl-Teig:
1 Ei
75 g Zucker
250 g Mehl
1 Päckchen Backpulver
100 g Quark
50 g Pflanzenöl
Fett für die Form

Für die Creme:
4 Eier
200 g Zucker
Mark einer Vanilleschote
50 g Speisestärke
400 g Quark
50 g Zartbitterschokolade

Außerdem:
Puderzucker zum Bestäuben
200 g Brombeeren
50 g Himbeeren
50 g Johannisbeeren
Schokoladenröllchen zum Verzieren

1. Das Ei mit dem Zucker in eine Schüssel geben und mit den Schneebesen des Handrührgerätes schaumig schlagen.

2. Das Mehl mit dem Backpulver vermischen, auf die Eicreme sieben, mit dem Quark und dem Öl unterheben. Falls der Teig zu fest ist, noch etwas Öl dazugeben.

3. Das Ganze auf eine bemehlte Arbeitsfläche geben und mit den Händen zu einem glatten, kompakten Teig verkneten.

4. Anschließend den Teig auf einer bemehlten Arbeitsfläche ausrollen, eine ausgefettete Springform (26 cm Durchmesser) damit auslegen und dabei einen 3 cm hohen Rand formen.

5. Für die Creme die Eier mit dem Zucker, dem Vanillemark, der Speisestärke und dem Quark in einer Schüssel glatt rühren und die geriebene Schokolade unterheben. Die Creme auf den Boden geben und glatt streichen.

6. Den Kuchen im auf 180–200 °C vorgeheizten Backofen 45 Minuten backen. Den Kuchen aus dem Backofen nehmen und in der Form erkalten lassen.

7. Dann aus der Form nehmen, auf eine Tortenplatte setzen und mit Puderzucker bestäuben.

8. Die Brombeeren, die Himbeeren und die Johannisbeeren verlesen, waschen, gut abtropfen lassen, auf dem Beerenkuchen verteilen, diesen mit Schokoladenröllchen verzieren und bis zum Verzehr kühl stellen.

Gerührter Kirschkuchen

Für 16 Stücke:

250 g Butter, 200 g Zucker
1 Päckchen Vanillezucker
½ TL Zimtpulver, 6 Eier
150 g gemahlene Mandeln
250 g Mehl, Fett für die Form
Mandelblättchen zum Ausstreuen
500 g Sauerkirschen

Außerdem:
Puderzucker zum Bestäuben
200 ml süße Sahne
1 Päckchen Sahnesteif
100 g Sauerkirschen

1. Die Butter mit dem Zucker, dem Vanillezucker und dem Zimtpulver in eine Schüssel geben und schaumig schlagen.

2. Die Eier einzeln nach und nach kräftig darunterschlagen. Die Mandeln mit dem gesiebten Mehl unterrühren.

3. Eine Springform (26 cm Durchmesser) fetten und mit Mandelblättchen ausstreuen. Die Hälfte der Teigmasse einfüllen, die gewaschenen, entsteinten Sauerkirschen darauf verteilen, die restliche Teigmasse einfüllen und glatt streichen.

4. Den Kuchen im auf 180 °C vorgeheizten Backofen 50 Minuten backen. Den fertig gebackenen Kuchen aus dem Ofen nehmen, erkalten lassen und auf eine Kuchenplatte stürzen.

5. Den Kuchen mit Puderzucker bestäuben. Die Sahne mit dem Sahnesteif steif schlagen, in einen Spritzbeutel mit Sterntülle füllen und Tupfen auf den Kuchen dressieren. Die Kirschen waschen, entsteinen, auf die Sahnetupfen setzen und den Kuchen bis zum Verzehr kühl stellen.

Schneller Kirschkuchen

(ohne Abbildung)

Für 16 Stücke:

2 helle Wiener Böden
(26 cm Durchmesser, Fertigprodukt)
100 g Kirschmarmelade
750–1000 g Kirschen
1 Päckchen Tortenguss rot
50 g Kirschmarmelade
50 g Mandelblättchen zum Bestreuen

1. Die Wiener Böden mit Kirschmarmelade bestreichen, aufeinanderlegen, auf eine Kuchenplatte setzen und mit einem Tortenring umschließen.

2. Die verlesenen Kirschen waschen, entsteinen und auf den Kuchen legen.

3. Den Tortenguss nach Packungsanweisung zubereiten und über die

Kirschen gießen. Den Guss fest werden lassen.

4. Den Tortenring entfernen, den Kuchenrand mit Kirschmarmelade bestreichen, mit Mandelblättchen bestreuen und den Kirschkuchen bis zum Verzehr kühl stellen.

Tutti-frutti-Kuchen

Für 12–14 Stücke:

Für den Biskuit:
5 Eier, 6 EL Wasser
175 g Zucker
1 Prise Salz, 125 g Mehl
1 gehäufter TL Backpulver
75 g gemahlener Zwieback
Backpapier für die Form

Für die Füllung:
Saft von 1 Zitrone
50 g Zucker
8 Blatt weiße Gelatine
300 ml Buttermilch
350 g Magerquark
400 ml Sahne

Für den Belag:
1 Papaya
2 Kiwis
1 kleine Ananas
1 Päckchen Tortenguss klar

1. Die Eier mit dem Wasser, dem Zucker und dem Salz in eine Schüssel geben und mit den Schneebesen des Handrührgerätes auf höchster Stufe sieben Minuten aufschlagen.

2. Das Mehl mit Backpulver vermischen, auf die Eicreme sieben und mit den Zwiebackbröseln locker unterheben.

3. Eine Springform (26 cm Durchmesser) mit Backpapier auslegen, die Masse einfüllen, glatt streichen und im auf 200 °C vorgeheizten Backofen 35 Minuten backen.

4. Den fertigen Boden aus dem Ofen nehmen, erkalten lassen, aus der Form nehmen, auf eine Tortenplatte setzen und mit einem Tortenring umlegen.

5. Für die Füllung den Zitronensaft mit dem Zucker in einem Topf erhitzen, vom Herd nehmen und die gewässerte, gut ausgedrückte Gelatine darin vollständig auflösen lassen.

6. Kurz vor dem Festwerden die Buttermilch und den Magerquark dazugeben und kräftig unterrühren. Die Sahne steif schlagen, hinzufügen und unterheben.

7. Die Füllung gleichmäßig auf den Biskuitboden geben, glatt streichen und im Kühlschrank vollständig durchkühlen lassen.

8. Die Papaya dünn schälen, halbieren und die Kerne mit einem Teelöffel herausschaben.

9. Die Kiwis und die Ananas schälen. Die Ananas halbieren und den Strunk herausschneiden.

10. Die Früchte in mundgerechte Würfel schneiden, vermischen und dekorativ auf dem Kuchen verteilen.

11. Den Tortenguss nach Packungsanweisung zubereiten und gleichmäßig über den Früchte verteilen. Den Guss fest werden lassen und den Kuchen bis zum Verzehr kühl stellen.

Birnen-Waldhonig-Kuchen

Für 12–14 Stücke:

Für den Mürbeteig:
200 g Mehl, 1 Eigelb, 75 g Zucker
1 Päckchen Vanillezucker
100 g Butter

Außerdem:
Fett für die Form
Semmelbrösel zum Ausstreuen
2 Dosen Birnen, 290 ml Wassser
100 g Waldhonig
2 Päckchen Vanillepuddingpulver
200 ml Sahne
1 Päckchen Sahnesteif
Zucker nach Geschmack
Kakaopulver zum Bestreuen

1. Das Mehl auf eine Arbeitsfläche sieben und eine Mulde eindrücken. Das Eigelb hineingleiten lassen, den Zucker und den Vanillezucker darüberstreuen und die Butter in Flöckchen daraufsetzen.

2. Das Ganze mit bemehlten Händen schnell zu einem glatten, kompakten Teig verkneten.

3. Den Teig in Klarsichtfolie wickeln und im Kühlschrank eine Stunde ruhen lassen.

4. Anschließend den Teig auf einer bemehlten Arbeitsfläche in der Größe einer Springform (26 cm Durchmesser) ausrollen.

5. Die Springform fetten, mit Semmelbröseln ausstreuen, den Mürbeteigboden in die Form legen und dabei einen 3 cm hohen Rand formen.

6. Die Birnen abgießen. Den Saft dabei auffangen, mit dem Wasser und dem Waldhonig in einen Topf geben und zum Kochen bringen. Die Flüssigkeit mit dem angerührten Puddingpulver abbinden.

7. Die Birnen würfeln und in den heißen Pudding einrühren. Die Masse noch heiß auf den Teig geben und glatt streichen.

8. Den Kuchen im auf 180–200 °C vorgeheizten Backofen 50 Minuten backen.

9. Den Kuchen aus dem Backofen nehmen, in der Form erkalten lassen, aus der Form nehmen und auf eine Tortenplatte setzen.

10. Die Sahne mit dem Sahnesteif steif schlagen und mit Zucker nach Geschmack süßen. In einen Spritzbeutel mit Sterntülle füllen und auf den Kuchenrand dressieren.

11. Den Birnen-Waldhonig-Kuchen mit Kakaopulver bestreuen und bis zum Verzehr kühl stellen.

Birnenkuchen mit Nussnugatguss

Für 12–14 Stücke:

Für den Mürbeteig:
300 g Mehl, 1 Ei, 100 g Zucker
1 Päckchen Vanillezucker
200 g Butter

Außerdem:
Fett zum Ausfetten
Semmelbrösel zum Ausstreuen
500 ml Milch, 2 EL Zucker
1 Päckchen Schokoladenpudding
1 Dose Birne
(460 g Abtropfgewicht)
4 Eier, 225 g Zucker
750 g Magerquark
200 ml Sahne
125 g Nugat
30 g Mandelblättchen

1. Das Mehl auf eine Arbeitsfläche sieben und eine Mulde eindrücken. Das Ei hineingleiten lassen, mit dem Zucker und dem Vanillezucker bestreuen und die Butter in Flöckchen daraufsetzen.

2. Das Ganze mit bemehlten Händen schnell zu einem glatten, kompakten Teig verkneten. Den Teig in Klarsichtfolie wickeln und im Kühlschrank mindestens eine Stunde ruhen lassen.

3. In der Zwischenzeit den Pudding mit der Milch, dem Zucker und dem Puddingpulver nach Packungsanweisung zubereiten, vom Herd nehmen und unter ständigem Rühren erkalten lassen.

4. Anschließend den Mürbeteig aus dem Kühlschrank nehmen, die Folie entfernen und den Teig auf einer bemehlten Arbeitsfläche in der Größe einer Springform (26 cm Durchmesser) ausrollen.

5. Die Form fetten, mit Semmelbröseln ausstreuen, den Teigboden in die Springform legen und dabei einen 3 cm hohen Rand formen. Die Birnen abgießen, halbieren und auf den Mürbeteig legen.

6. Die Eier und den Zucker in eine Schüssel geben und schaumig schlagen. Den Pudding und den Magerquark mit der Eicreme verrühren und die steif geschlagene Sahne unterheben.

7. Die Puddingcreme auf den Birnen verteilen und den Kuchen im auf 180–200 °C vorgeheizten Backofen 60 Minuten backen.

8. Den fertig gebackenen Kuchen aus dem Backofen nehmen und in der Form erkalten lassen. Anschließend aus der Form nehmen und auf eine Tortenplatte setzen.

9. Das Nugat schmelzen, auf den Kuchen streichen, den Kuchenrand mit den Mandelblättchen bestreuen und den Birnenkuchen bis zum Verzehr kühl stellen.

Mango-Käsekuchen

Für 12–14 Stücke:

Für den Mürbeteig:
250 g Mehl, 1 Eigelb
150 g Butter, 120 g Zucker
1 Päckchen Vanillezucker
Fett für die Form

Für das Mangokompott:
50 g Zucker
250 g Mangofruchtfleisch
50 ml Orangensaft
1 Päckchen Vanillepuddingpulver
1 TL Grenadinesirup

Für die Quarkmasse:
8 Eier, 220 g Zucker
1 Päckchen Zitronenaroma
1 Päckchen Orangenaroma
130 g Mehl, 800 g Quark
100 ml Milch
250 g flüssige Butter

Außerdem:
Mangoscheiben und Minzzweige zum Verzieren

1. Das Mehl auf eine Arbeitsfläche sieben, eine Mulde eindrücken und das Eigelb hineingeben. Die Butter in Flöckchen daraufsetzen, den Zucker und den Vanillezucker darüberstreuen und die Zutaten mit bemehlten Händen von außen nach innen schnell zu einem glatten, kompakten Mürbeteig verkneten.

2. Den Teig in Klarsichtfolie wickeln und im Kühlschrank mindestens eine Stunde ruhen lassen.

3. Für das Mangokompott die Mangostücke mit dem Orangensaft und dem Zucker in einen Topf geben, 10 Minuten kochen und erkalten lassen. Das Mangokompott mit dem Puddingpulver und dem Grenadinesirup im Mixer oder mit dem Pürierstab pürieren.

4. Den Mürbeteig aus dem Kühlschrank nehmen, die Folie entfernen und den Teig auf einer bemehlten Arbeitsfläche in der Größe einer Springform (26 cm Durchmesser) ausrollen. Die Form ausfetten und den Teig in die Springform legen.

5. Für die Quarkmasse Eier, Zucker, Zitronen- und Orangenaroma in eine Schüssel geben und schaumig schlagen. Das gesiebte Mehl unterrühren. Quark, Milch und flüssige Butter dazugeben und alles gut verrühren. Die Quarkmasse auf den Teig geben und glatt streichen.

6. Für das Marmormuster das Mangopüree auf die Quarkmasse geben und mit einer Gabel unter den Quark ziehen. Den Kuchen im auf 180 °C vorgeheizten Backofen 50–60 Minuten backen.

7. Den fertig gebackenen Kuchen aus dem Backofen nehmen und in der Form erkalten lassen. Aus der Form nehmen und auf eine Tortenplatte setzen.

8. Den Mango-Käsekuchen mit Mangoscheiben und Minzzweigen verzieren und bis zum Verzehr kühl stellen.

Schwarzwälder Krümeltorte

Für 12–14 Stücke:

Für den Bröselboden:
250 g Schokoladenkekse
150 g weiche Butter
Sonnenblumenöl zum Bestreichen
Backpapier für die Tortenplatte

Für die Creme:
100 ml Milch
2 Päckchen Vanillezucker
50 g Zucker
10 Blatt weiße Gelatine
4 cl Kirschwasser, 800 ml Sahne

Außerdem:
1 Glas Sauerkirschen
(350 g Abtropfgewicht)
1 Päckchen Tortenguss rot

1. Die Schokoladenkekse grob reiben oder fein hacken, mit der weichen Butter in eine Schüssel geben, verrühren und verkneten.

2. Einen Tortenring (26 cm Durchmesser) innen mit Sonnenblumenöl bestreichen und auf eine mit Backpapier belegte Tortenplatte setzen. Die Keksmasse einfüllen, gut andrücken und fest werden lassen.

3. Für die Creme Milch, Vanillezucker und Zucker in einem Topf erwärmen.

4. Die gut gewässerte, ausgedrückte Gelatine darin vollständig auflösen, das Kirschwasser einrühren, das Ganze vom Herd nehmen und erkalten lassen.

5. Kurz vor dem Festwerden die geschlagene Sahne unterrühren. Die Creme auf den Boden geben, glatt streichen und im Kühlschrank – am besten über Nacht – vollständig durchkühlen lassen.

6. Die Sauerkirschen abgießen und den Saft dabei auffangen. 250 ml Kirschsaft abmessen und den Tortenguss mit dem Kirschsaft nach Packungsanweisung zubereiten.

7. Die Sauerkirschen unterrühren und das Ganze mit einem Esslöffel auf der Torte verteilen.

8. Die Schwarzwälder Krümeltorte erneut im Kühlschrank mindestens eine Stunde durchkühlen lassen. Anschließend aus dem Kühlschrank nehmen, den Tortenring und das Backpapier entfernen, die Torte auf eine Tortenplatte setzen und bis zum Verzehr kühl stellen.

Obstkuchen vom Blech

Für 16–20 Stücke:

Für den Quark-Öl-Teig:
300 g Mehl, 1 Päckchen Backpulver
1 Ei, 75 ml Sonnenblumenöl
75 g Zucker, 1 Päckchen Zitronenaroma, 150 g Magerquark
50 ml Sahne, Fett für die Form

Für die Füllung:
200 g Schmand, 2 Eier, 75 g Zucker
1 Päckchen Vanillepuddingpulver
1 Päckchen Zitronenaroma
200 ml Sahne

Außerdem:
1 Dose Aprikosenhälften
1 Glas Kaiserkirschen
2 Kiwis, 1 Birne
einige Tropfen Zitronensaft
1 Päckchen Tortenguss klar

1. Das Mehl mit dem Backpulver vermischen, auf eine Arbeitsfläche sieben und eine Mulde eindrücken. Das Ei in die Mulde geben und das Sonnenblumenöl darüberträufeln.

2. Den Zucker und das Zitronenaroma darüberstreuen, den Quark in Flöckchen daraufsetzen und die Teigzutaten mit bemehlten Händen von außen nach innen zu einem glatten, kompakten Teig verkneten. Falls der Teig zu fest ist, die Sahne mit einarbeiten.

3. Den Teig auf einer bemehlten Arbeitsfläche in der Größe eines Backblechs (24 x 32 cm) ausrollen.

4. Den Teig auf das gefettete Backblech legen, einen Rand hochziehen und den Rand daumenbreit mit einem Messerrücken eindrücken.

5. Schmand, Eier, Zucker, Puddingpulver, Zitronenaroma und Sahne in einer Schüssel verrühren und die Masse gleichmäßig auf den Teig streichen. Den Blechkuchen im auf 180 °C vorgeheizten Backofen 35 Minuten backen.

6. Den fertig gebackenen Kuchen aus dem Ofen nehmen, erkalten lassen, vom Blech nehmen und auf eine Tortenplatte setzen.

7. Die Aprikosenhälften und die Kaiserkirschen, abtropfen lassen und den Saft dabei auffangen. Die Aprikosen nach Geschmack klein schneiden und mit den Kirschen auf dem Boden verteilen.

8. Die Kiwis dünn schälen und in Scheiben schneiden. Die Birne schälen, entkernen, in feine Scheibchen schneiden, mit Zitronensaft beträufeln und mit den Kiwischeiben auf dem Kuchen anrichten.

9. Den Tortenguss mit dem Fruchtsaft nach Packungsanweisung zubereiten, gleichmäßig auf den Früchten verteilen, den Guss fest werden lassen und den Obstkuchen bis zum Verzehr kühl stellen.

Aprikosenkuchen mit Haselnüssen

Für 12–14 Stücke:

Für den Mürbeteig:
250 g Mehl
1 Ei
175 g Zucker
1 TL geriebene Zitronenschale
150 g Butter

Außerdem:
Fett zum Ausfetten
Semmelbrösel zum Ausstreuen
2 Dosen Aprikosenhälften
3 Eier, 175 g Zucker
1 TL geriebene Zitronenschale
1 Päckchen Vanillepuddingpulver
500 g Magerquark
100 g Aprikosenmarmelade
100 g gehackte Haselnusskerne
Pfefferminzblättchen zum Verzieren

1. Das Mehl auf eine Arbeitsfläche sieben und eine Mulde eindrücken. Das Ei hineingeben, den Zucker und die Zitronenschale darüberstreuen und die Butter in Flöckchen daraufsetzen.

2. Die Zutaten mit bemehlten Händen von außen nach innen schnell zu einem glatten, kompakten Teig verkneten. Den Teig in Klarsichtfolie wickeln und im Kühlschrank eine Stunde ruhen lassen.

3. Anschließend den Teig auf einer bemehlten Arbeitsfläche in der Größe einer Springform (26 cm Durchmesser) ausrollen. Die Springform fetten, mit Semmelbröseln ausstreuen, den Teig einlegen und dabei einen Rand hochziehen.

4. Die Aprikosen gut abtropfen lassen und 14 Stück für die Dekoration beiseitestellen. Die restlichen Aprikosenhälften gleichmäßig auf den Teig setzen.

5. Die Eier mit dem Zucker und der Zitronenschale in einer Schüssel schaumig schlagen. Das Puddingpulver und den Quark dazugeben und unterrühren.

6. Die Masse auf die Aprikosen geben, glatt streichen und den Kuchen im auf 180 °C vorgeheizten Backofen 50 Minuten backen.

7. Den fertig gebackenen Kuchen aus dem Ofen nehmen, erkalten lassen, aus der Form nehmen und auf eine Tortenplatte setzen.

8. Die Aprikosenmarmelade in einem Topf erwärmen, durch ein Sieb streichen, den Kuchen damit bestreichen und mit den gehackten Haselnusskernen bestreuen.

9. Die restlichen Aprikosenhälften auf den Kuchen setzen, mit Marmelade glasieren, den Aprikosenkuchen mit Pfefferminzblättchen verzieren und bis zum Verzehr kühl stellen.

Erdbeer-Pudding-Kuchen

Für 12–14 Stücke:

Für den Rührteig:
120 g Butter
120 g Zucker
1 Päckchen Vanillezucker
3 Eier, 175 g Mehl
1 TL Backpulver
25 g gemahlene Mandeln
Backpapier für die Form

Für die Füllung:
800 ml Milch, 100 g Zucker
2 Päckchen Vanillepuddingpulver
400 g Erdbeeren, 400 ml Sahne
2 Päckchen Sahnesteif
Vanillezucker und Zucker nach Geschmack

Außerdem:
50 g Mandelblättchen zum Bestreuen

1. Die Butter mit dem Zucker und dem Vanillezucker in eine Schüssel geben und mit den Schneebesen des Handrührgerätes weißschaumig schlagen.

2. Die Eier einzeln nach und nach kräftig unterrühren. Das Mehl mit dem Backpulver vermischen, auf die Eicreme sieben und mit den Mandeln unterrühren.

3. Den Teig in eine mit Backpapier ausgelegte Springform (26 cm Durchmesser) füllen, glatt streichen und im auf 180–200 °C vorgeheizten Backofen 35 Minuten backen.

4. Den fertig gebackenen Rührteigboden aus dem Backofen nehmen, erkalten lassen, aus der Form nehmen, auf eine Tortenplatte setzen und mit einem Tortenring umschließen.

5. Die Milch mit dem Zucker in einem Topf erhitzen, den Pudding nach Packungsanweisung einrühren und noch heiß auf den Rührteigboden geben.

6. Die Erdbeeren verlesen, waschen, gut abtropfen lassen und in den Pudding drücken.

7. Den Kuchen im Kühlschrank – am besten über Nacht – vollständig durchkühlen lassen. Anschließend den Kuchen aus dem Kühlschrank nehmen und den Tortenring entfernen.

8. Die Sahne mit dem Sahnesteif steif schlagen, mit Vanillezucker und Zucker nach Geschmack süßen und auf den Pudding streichen. Den Erdbeer-Pudding-Kuchen mit Mandelblättchen bestreuen und bis zum Verzehr kühl stellen.

Erdbeer-Eierlikör-Kuchen

Für 12–14 Stücke:

Für den Biskuit:
3 Eier, 150 g Zucker
1 Päckchen Vanillezucker
75 g Mehl, 50 g Speisestärke
10 g Kakaopulver
2 gestrichene TL Backpulver
Backpapier für die Form

Außerdem:
150 ml Eierlikör
150 g Vanillejoghurt, 50 g Zucker
6–8 Blatt weiße Gelatine
400 ml Sahne
500–750 g Erdbeeren
1 Päckchen Tortenguss klar
200 ml Sahne
1 Päckchen Sahnesteif
Zucker nach Geschmack
75 g Krokant zum Bestreuen

1. Die Eier mit dem Zucker und dem Vanillezucker in eine Schüssel geben und schaumig schlagen. Das Mehl mit der Speisestärke, dem Kakaopulver und dem Backpulver vermischen, auf die Eicreme sieben und unterheben.

2. Die Masse in eine mit Backpapier ausgelegte Springform (26 cm Durchmesser) füllen, glatt streichen und im auf 180 °C vorgeheizten Backofen 25–30 Minuten backen.

3. Den Biskuit aus dem Ofen nehmen und erkalten lassen. Aus der Form nehmen und oben gerade schneiden.

4. Für die Creme den Eierlikör mit dem Vanillejoghurt und dem Zucker in einer Schüssel so lange verrühren, bis sich der Zucker vollständig aufgelöst hat.

5. Die gut gewässerte Gelatine ausdrücken, in ein wenig heißem Wasser auflösen und unter die Joghurtcreme ziehen. Die Sahne steif schlagen und unterheben.

6. Den Tortenboden auf eine Tortenplatte legen und mit einem Tortenring umschließen. Die Creme einfüllen, glatt streichen und im Kühlschrank fest werden lassen.

7. Die Erdbeeren verlesen, waschen, gut abtropfen lassen, je nach Größe halbieren, vierteln oder in Scheiben schneiden und dekorativ auf der Torte anrichten.

8. Den Tortenguss nach Packungsanweisung zubereiten, gleichmäßig über die Erdbeeren gießen und den Guss im Kühlschrank fest werden lassen.

9. Den Kuchen herausnehmen und den Tortenring entfernen. Die Sahne mit dem Sahnesteif steif schlagen, mit Zucker nach Geschmack süßen. Den Tortenrand mit etwas Sahne bestreichen und mit Krokant bestreuen.

10. Die restliche Sahne in einen Spritzbeutel mit Sterntülle füllen und auf den Kuchen dressieren. Mit dem restlichen Krokant bestreuen und den Erdbeer-Eierlikör-Kuchen bis zum Verzehr kühl aufbewahren.

Rhabarberkuchen mit Marzipan

Für 16 Stücke:

Für den Hefeteig:
500 g Mehl
1 Würfel Frischhefe
200 ml Milch
100 g Zucker
100 g Butter, 1 Ei
1 Päckchen Zitronenaroma

Außerdem:
Fett für das Blech
125 g Marzipanrohmasse
6 cl Amaretto
1 kg Rhabarber
125 g Zucker
200 g Aprikosenmarmelade
Puderzucker zum Bestäuben

1. Das Mehl in eine Schüssel sieben und eine Mulde eindrücken. Die zerbröckelte Hefe mit etwas lauwarmer Milch und 1 TL Zucker in die Mulde geben, verrühren und zugedeckt an einem warmen Ort 10 Minuten gehen lassen.

2. Die restliche Milch, den Zucker, die zerlassene Butter, das Ei und das Zitronenaroma dazugeben und alles zu einem glatten Teig verkneten.

3. Den Hefeteig zugedeckt an einem warmen Ort zur doppelten Menge aufgehen lassen.

4. Anschließend den Hefeteig auf einer bemehlten Arbeitsfläche nochmals durchkneten. Zwei Drittel des Teiges in der Größe eines Backblechs (24 x 32 cm) ausrollen und auf das gefettete Blech legen.

5. Die Marzipanrohmasse mit dem Amaretto glatt rühren und auf den Hefeboden streichen.

6. Den Rhabarber putzen, waschen, schälen, in Stücke schneiden, auf dem Hefeteig verteilen und den Zucker darüberstreuen.

7. Den restlichen Hefeteig dünn ausrollen, den Rhabarber damit belegen und den Kuchen erneut zugedeckt an einem warmen Ort 20 Minuten gehen lassen.

8. Dann den Kuchen in dem auf 180–200 °C vorgeheizten Backofen 40 Minuten backen.

9. Den fertig gebackenen Rhabarberkuchen aus dem Backofen nehmen, erkalten lassen, aus der Form nehmen und auf eine Tortenplatte setzen.

10. Die Aprikosenmarmelade erhitzen, durch ein Sieb streichen, den Kuchen damit bestreichen, abtrocknen lassen und mit Puderzucker bestäuben. Den Rhabarberkuchen in Stücke schneiden und bis zum Verzehr kühl stellen.

Traubenschnitten

Für 16 Stücke:

350 g Müslikekse, 175 g Butter
Sonnenblumenöl zum Bestreichen
Backpapier für die Tortenplatte

Außerdem:
750 g weiße Weintrauben
200 ml Traubensaft, 70 g Honig
Saft von 1 Zitrone
10 Blatt weiße Gelatine
500 g Speisequark, 600 ml Sahne
50 g Müslikekse, 100 g Weintrauben

1. Die Müslikekse grob reiben oder fein hacken, mit der weichen Butter in eine Schüssel geben, verrühren und verkneten.

2. Einen Schnittenrahmen (32 x 24 cm) innen mit Sonnenblumenöl bestreichen und auf eine mit Backpapier belegte Tortenplatte setzen.

3. Die Keksmasse einfüllen, gut andrücken und fest werden lassen. Die Weintrauben waschen, trocken tupfen und auf dem Bröselboden gleichmäßig verteilen.

4. Traubensaft, Honig und Zitronensaft erwärmen. Die gewässerte Gelatine darin auflösen, vom Herd nehmen und erkalten lassen.

5. Kurz vor dem Festwerden den Quark unterrühren und die geschlagene Sahne unterheben. Die Creme auf den Weintrauben verteilen, glatt streichen und den Kuchen im Kühlschrank – am besten über Nacht – vollständig durchkühlen lassen.

6. Den Rahmen und das Backpapier entfernen, den Kuchen in 16 Stücke schneiden, jedes Stück mit Keksen und halbierten Weintrauben verzieren. Die Schnitten dekorativ anrichten und bis zum Verzehr kühl stellen.

Zimtherz mit Orangen

(ohne Abbildung)

Für 12–14 Stücke:

200 g Zimtkekse, 100 g Butter
Sonnenblumenöl zum Bestreichen
Backpapier für die Tortenplatte
200 ml Orangensaft, 50 g Zucker
1 Päckchen Vanillezucker
8 Blatt weiße Gelatine
500 g Orangenjoghurt
400 ml Sahne
50 g gehackte Pistazien
Orangenscheibenhälften zum Verzieren

1. Die Zimtkekse grob reiben oder fein hacken, mit der weichen Butter in eine Schüssel geben, verrühren und verkneten.

2. Einen Herzrahmen (26 cm Durchmesser) innen mit Sonnenblumenöl bestreichen und auf eine mit Backpapier belegte Tortenplatte setzen. Die Keksmasse einfüllen, gut andrücken und fest werden lassen.

3. Für die Creme den Orangensaft mit dem Zucker und dem Vanillezucker in einem Topf erwärmen.

4. Die gut gewässerte, ausgedrückte Gelatine darin auflösen, das Ganze vom Herd nehmen und erkalten lassen.

5. Kurz vor dem Festwerden den Orangenjoghurt kräftig unterrühren und die steif geschlagene Sahne unterziehen.

6. Die Masse auf den Bröselboden geben, glatt streichen und im Kühlschrank – am besten über Nacht – vollständig durchkühlen lassen.

7. Das Zimtherz aus dem Kühlschrank nehmen, den Herzrahmen und das Backpapier entfernen.

8. Das Herz auf eine Tortenplatte setzen und den Rand mit gehackten Pistazien bestreuen. Die Torte mit Orangenscheibenhälften verzieren und bis zum Verzehr kühl stellen.

Grossmutters Rhabarberkuchen

Für 12–14 Stücke:

Für den Mürbeteig:
300 g Mehl
3 Eigelb
1 Päckchen Zitronenaroma
150 g Zucker
175 g Butter
Fett für die Form
Grieß zum Ausstreuen

Für die Füllung:
800 g Rhabarber
50 g Grieß
1 Päckchen Vanillepuddingpulver
40 g weiße gemahlene Mandeln
3 Eiweiß
150 g Zucker

Außerdem:
Puderzucker zum Bestreuen

1. Das Mehl auf eine Arbeitsfläche sieben und eine Mulde eindrücken. Die Eigelbe und das Zitronenaroma hineingeben, den Zucker darüberstreuen und die Butter in Flöckchen daraufsetzen.

2. Die Zutaten mit bemehlten Händen von außen nach innen schnell zu einem glatten, kompakten Teig verkneten. Den Teig in Klarsichtfolie wickeln und im Kühlschrank eine Stunde ruhen lassen.

3. Anschließend den Teig auf einer bemehlten Arbeitsfläche in der Größe einer Springform (26 cm Durchmesser) ausrollen. Die Springform fetten, mit Grieß ausstreuen, den Teig einfüllen und dabei den Rand gut überstehen lassen.

4. Den Rhabarber waschen, schälen und in Stücke schneiden. Den Grieß mit dem Vanillepudding und den Mandeln vermischen.

5. Die Eiweiße zu steifem Schnee schlagen, den Zucker unter ständigem Schlagen einrieseln lassen und so lange weiterschlagen, bis sich der Zucker vollständig aufgelöst hat.

6. Jetzt zuerst die Grießmischung und dann den Rhabarber unterheben. Die Rhabarbermasse auf den Mürbeteig geben, glatt streichen und den überstehenden Teig nach innen auf den Rhabarber klappen.

7. Den Kuchen im auf 180–200 °C vorgeheizten Backofen 55 Minuten backen.

8. Den fertig gebackenen Rhabarberkuchen aus dem Backofen nehmen, erkalten lassen, aus der Form nehmen und auf eine Tortenplatte setzen.

9. Den Rhabarberkuchen mit Puderzucker bestäuben und bis zum Verzehr kühl stellen.

Schwarz-weiss-Kuchen mit Pfirsichen

Für 12–14 Stücke:

Für den Rührteig:
250 g weiche Butter
200 g Zucker
1 Päckchen Vanillearoma
5 Eier
300 g Mehl
150 g Speisestärke
1 Päckchen Backpulver

Außerdem:
Fett für die Form
1 große Dose Pfirsichhälften
1 gehäufter EL Kakaopulver
3 EL Milch
Puderzucker zum Bestäuben
Pfirsichschnitze zum Verzieren

1. Die Butter mit dem Zucker und dem Vanillearoma in eine Schüssel geben und schaumig schlagen. Die Eier einzeln nach und nach kräftig unterrühren.

2. Das Mehl mit der Speisestärke und dem Backpulver vermischen, auf die Eicreme sieben und unterrühren.

3. Eine Springform (26 cm Durchmesser) gut ausfetten, die Hälfte des Teiges einfüllen und glatt streichen.

4. Die Pfirsichhälften gut abtropfen lassen und mit den Schnittflächen nach unten in den Teig setzen.

5. Das Kakaopulver mit der Milch glatt rühren und unter den restlichen Teig rühren. Den Teig auf die Pfirsiche geben, glatt streichen und den Kuchen im auf 180 °C vorgeheizten Backofen 50–60 Minuten backen.

6. Den fertig gebackenen Kuchen aus dem Backofen nehmen und in der Form leicht erkalten lassen. Anschließend aus der Form nehmen, auf eine Kuchenplatte setzen und vollständig auskühlen lassen.

7. Den Kuchen mit Puderzucker bestäuben, mit Pfirsichschnitzen verzieren und bis zum Verzehr kühl stellen.

Streuselkuchen mit Sauerkirschen

Für 12–14 Stücke:

Für den Rührteig:
250 g Butter
250 g Zucker
1 Päckchen Vanillezucker
6 Eier
375 g Mehl
130 g gemahlene, weiße Mandeln
1 TL Zimtpulver
1 Päckchen Backpulver
Fett für die Form
Semmelbrösel zum Ausstreuen

Für die Streusel:
300 g Mehl
150 g Butter
150 g Zucker

Außerdem:
2 Gläser Sauerkirschen
geröstete Mandelstifte zum Bestreuen

1. Die Butter mit dem Zucker und dem Vanillezucker in eine Schüssel geben und weißschaumig schlagen.

2. Die Eier einzeln nach und nach kräftig unter die Masse schlagen.

3. Das gesiebte Mehl mit den Mandeln, dem Zimtpulver und dem Backpulver vermischen.

4. Die Mehlmischung nach und nach unter die Eicreme ziehen.

5. Die Teigmasse in eine gefettete, mit Semmelbröseln ausgestreute Blechkuchen-Springform (38 x 25 x 7 cm) geben und glatt streichen.

6. Das Mehl auf eine Arbeitsfläche sieben, die Butter in Flöckchen darauf verteilen, den Zucker darüberstreuen und das Ganze mit den Händen zu Streuseln verarbeiten.

7. Die Sauerkirschen über ein Sieb abgießen, gut abtropfen lassen und auf dem Teig verteilen.

8. Die Streusel auf den Kirschen verteilen und den Kuchen in dem auf 180 °C vorgeheizten Backofen 40–45 Minuten backen.

9. Den Kirsch-Streuselkuchen aus dem Backofen nehmen und in der Blechkuchen-Springform erkalten lassen. Anschließend aus der Form lösen, mit den Mandeln bestreuen, in Stücke schneiden, dekorativ anrichten und bis zum Verzehr kühl stellen.

Schoko-Birnenkuchen mit Streuseln

Für 12–14 Stücke:

Für den Rührteig:
125 g Butter, 125 g Zucker
1 Päckchen Vanillezucker
3 Eier, 180 g Mehl
75 g gemahlene, weiße Mandeln
100 g grob gehackte Kuvertüre
½ TL Zimtpulver
½ Päckchen Backpulver
Fett für die Form
Semmelbrösel zum Ausstreuen
1 Dose Birnenhälften

Für die Streusel:
150 g Mehl
75 g Butter, 75 g Zucker

Außerdem:
Schokoraspel zum Bestreuen
Puderzucker zum Bestäuben

1. Die Butter mit dem Zucker und dem Vanillezucker in eine Schüssel geben und weißschaumig schlagen.

2. Die Eier einzeln nach und nach kräftig unter die Masse schlagen.

3. Das gesiebte Mehl mit den Mandeln, der gehackten Kuvertüre, dem Zimtpulver und dem Backpulver vermischen.

4. Die Mehlmischung nach und nach unter die Eicreme ziehen.

5. Die Teigmasse in eine gefettete, mit Semmelbröseln ausgestreute Springform (26 cm Durchmesser) geben und glatt streichen. Die Birnen gut abtropfen lassen und auf den Teig setzen.

6. Das Mehl auf eine Arbeitsfläche sieben, die Butter in Flöckchen darauf verteilen, den Zucker darüberstreuen und das Ganze mit den Händen zu Streuseln verarbeiten.

7. Die Streusel auf dem Birnenkuchen verteilen und den Kuchen im auf 180 °C vorgeheizten Backofen 35–40 Minuten backen.

8. Den Schoko-Birnenkuchen anschließend aus dem Ofen nehmen, in der Kuchenform erkalten lassen, aus der Form lösen und auf eine Tortenplatte setzen.

9. Den Schoko-Birnenkuchen mit Schokoraspeln bestreuen, mit Puderzucker bestäuben, in Stücke schneiden, dekorativ anrichten und bis zum Verzehr kühl stellen.

Aprikosen-Käsekuchen

Für 12–14 Stücke:

Für den Mürbeteig:
300 g Mehl, 1 Ei, 175 g Zucker
1 Päckchen Vanillezucker
200 g Butter, Fett für die Form
Semmelbrösel zum Ausstreuen

Für die Quarkmasse:
4 Eier, 200 g Zucker
1 Päckchen Zitronenaroma
500 g Speisequark, 50 g Speisestärke
200 ml Sahne
2 Dosen Aprikosenhälften

Für die Streusel:
250 g Butter- oder Mürbeteigkekse
100 g weiche Butter

Außerdem:
Puderzucker zum Bestäuben
gehackte Pistazien zum Bestreuen
Minzeblättchen zum Verzieren

1. Das Mehl auf eine Arbeitsfläche sieben, eine Mulde eindrücken und das Ei hineingeben. Den Zucker und den Vanillezucker darüberstreuen und die Butter in Flöckchen daraufsetzen.

2. Das Ganze mit bemehlten Händen von außen nach innen schnell zu einem glatten, kompakten Teig verkneten. Den Teig in Klarsichtfolie wickeln und im Kühlschrank mindestens eine Stunde ruhen lassen.

3. Anschließend den Teig auf einer bemehlten Arbeitsfläche in der Größe einer Springform (26 cm Durchmesser) ausrollen. Die Form fetten, mit Semmelbröseln ausstreuen, den Teig einlegen und einen Rand hochdrücken.

4. Für die Quarkmasse die Eier mit dem Zucker und dem Zitronenaroma in eine Schüssel geben und schaumig schlagen. Den Speisequark hinzufügen und verrühren. Die Speisestärke daraufsieben und unterziehen.

5. Die Sahne steif schlagen und unter die Quarkmasse heben. Die gut abgetropften Aprikosen in Schnitze schneiden und vorsichtig unter die Quarkmasse ziehen.

6. Die Quarkmasse auf den Teig geben, gleichmäßig verteilen und glatt streichen.

7. Die Kekse grob reiben oder hacken, mit der weichen Butter verkneten und zu Streuseln verarbeiten.

8. Die Keksstreusel gleichmäßig auf die Quarkmasse streuen und den Kuchen im auf 180 °C vorgeheizten Backofen ca. 60 Minuten backen.

9. Den fertig gebackenen Kuchen aus dem Ofen nehmen und in der Form erkalten lassen. Anschließend aus der Form nehmen, auf eine Tortenplatte setzen, mit Puderzucker bestäuben, mit Pistazien bestreuen, mit Minzeblättchen verzieren und bis zum Verzehr kühl stellen.

Birnen-Zupfkuchen mit Streuseln

Für 12–14 Stücke:

Für den Mürbeteig:
300 g Mehl, 100 g Zucker
1 EL Kakaopulver
1 Prise Salz, 1 Ei
200 g Butter oder Margarine
Fett und Semmelbrösel für die Form

Für die Füllung:
2 Dosen Birnenhälften
750 g Magerquark, 150 g Zucker
Saft und abgeriebene Schale von
1 unbehandelten Zitrone
50 g Speisestärke
3 Eigelb, 3 Eiweiß, 200 ml Sahne

Für die Streusel:
100 g Mehl, 75 g Zucker
1 Päckchen Vanillezucker
½ EL Kakaopulver
75 g weiche Butter

1. Das gesiebte Mehl mit dem Zucker, dem Kakaopulver und dem Salz auf eine Arbeitsfläche geben und eine Mulde in die Mitte drücken.

2. Das Ei hineingleiten lassen, die Butter oder Margarine in Flöckchen an den Rand setzen und das Ganze zu einem glatten Teig verkneten.

3. Den Teig in Klarsichtfolie wickeln und im Kühlschrank mindestens eine Stunde ruhen lassen.

4. Den Teig auf einer bemehlten Arbeitsfläche ausrollen und eine gefettete und mit Semmelbröseln ausgestreute Springform (26 cm Durchmesser) damit auslegen, dabei einen 2–3 cm hohen Rand formen.

5. Die Birnenhälften gut abtropfen lassen und bereitstellen.

6. Den Magerquark mit dem Zucker, dem Zitronensaft und der abgeriebenen Zitronenschale sowie der Speisestärke und den Eigelben glatt rühren.

7. Die Eiweiße und die Sahne getrennt steif schlagen und unterheben. Die Quarkmasse auf dem Mürbeteigboden verteilen. Die Birnenhälften in die Quarkmasse drücken.

8. Aus dem gesiebten Mehl, dem Zucker, dem Vanillezucker, dem Kakaopulver und der Butter Streusel zubereiten und diese gleichmäßig über die Quarkmasse streuen.

9. Den Kuchen im auf 180 °C vorgeheizten Backofen 50–60 Minuten backen, herausnehmen und in der Form erkalten lassen.

10. Den Birnen-Zupfkuchen mit Streuseln vorsichtig aus der Form lösen, in Stücke schneiden und servieren.

Birnen-Aprikosenkuchen mit Hefeboden

Für 12–14 Stücke:

Für den Hefeteig:
100 ml lauwarme Milch
1/2 Päckchen Frischhefe
30 g Zucker, 200 g Mehl
50 g flüssige Butter
Fett für die Form

Für die Füllung:
500 g säuerliche Birnen
1 Dose Aprikosenhälften
Saft von 1 Zitrone
4 TL Rum, 50 g Zucker

Für die Streusel:
150 g Mehl, 100 g Butter
100 g Zucker

Außerdem:
Puderzucker zum Bestäuben
50 g Mandelstifte

1. Die lauwarme Milch mit der zerbröckelten Hefe und 1 EL Zucker in eine Schüssel geben und an einem warmen Ort 10 Minuten gehen lassen.

2. Das gesiebte Mehl mit dem restlichen Zucker und der flüssigen Butter dazugeben und das Ganze zu einem glatten, kompakten Teig verkneten.

3. Den Teig zugedeckt an einem warmen Ort zur doppelten Menge aufgehen lassen.

4. Anschließend den Teig in der Größe einer Springform (26 cm Durchmesser) ausrollen. Den Teig in die gefettete Form legen und einen Rand hochdrücken.

5. Die Birnen schälen, entkernen und in Stücke schneiden. Die Aprikosen abtropfen lassen, mit den Birnen in eine Schüssel geben, mit Zitronensaft und Rum beträufeln, mit Zucker bestreuen und 30 Minuten marinieren.

6. Das gesiebte Mehl, die Butter und den Zucker zu Streuseln verarbeiten. Die Früchte auf dem Teig verteilen, mit den Streuseln bestreuen und den Kuchen im auf 180 °C vorgeheizten Backofen ca. 45 Minuten backen.

7. Den Kuchen aus dem Ofen nehmen und in der Form erkalten lassen. Anschließend aus der Form nehmen, auf eine Tortenplatte setzen, mit Puderzucker bestäuben, mit Mandelstiften bestreuen und bis zum Verzehr kühl stellen.

Heidelbeer-Baiser-Kuchen

Für 16 Stücke:

Für den Mürbeteig:
200 g Mehl
1 Messerspitze Backpulver
1 Ei, 1 Päckchen Vanillezucker
75 g Zucker, 125 g Butter
Fett für die Form
Semmelbrösel zum Ausstreuen

Für den Belag:
2 Gläser Heidelbeeren
200 g gemahlene Haselnüsse
50 g Zucker, 1 TL Zimtpulver
1 TL Vanillearoma, 2 Eiweiß

Für das Baiser:
2 Eiweiß, 60 g Zucker
40 g Puderzucker, 1 TL Speisestärke

Außerdem:
Puderzucker zum Bestäuben
frische Heidelbeeren zum Verzieren

1. Das Mehl mit Backpulver auf eine Arbeitsfläche sieben und eine Mulde eindrücken. Das Ei in die Mulde geben. Vanillezucker und Zucker darüberstreuen und die Butter in Flöckchen daraufsetzen.

2. Das Ganze mit bemehlten Händen von außen nach innen schnell zu einem glatten, kompakten Teig verkneten. Den Teig in Klarsichtfolie wickeln und im Kühlschrank mindestens eine Stunde ruhen lassen.

3. Anschließend den Teig auf einer bemehlten Arbeitsfläche in der Größe einer Springform (26 cm Durchmesser) ausrollen, den Teig in die gefettete und mit Semmelbröseln ausgestreute Form legen und einen kleinen Rand hochdrücken.

4. Die Heidelbeeren gut abtropfen lassen und mit den Haselnüssen, dem Zucker, dem Zimtpulver und dem Vanillearoma vermischen.

5. Die Eiweiße zu steifem Schnee schlagen, unter die Beeren heben, alles auf dem Teig verteilen und den Kuchen im auf 180 °C vorgeheizten Backofen 45 Minuten backen.

6. Den Kuchen aus dem Ofen nehmen und in der Form leicht auskühlen lassen. Den Kuchen aus der Form nehmen, auf ein Kuchengitter setzen und erkalten lassen.

7. Die Eiweiße zu steifem Schnee schlagen. Zucker und Puderzucker unter ständigem Schlagen einrieseln lassen und so lange weiterschlagen, bis sich der Zucker aufgelöst hat.

8. Die Speisestärke darübersieben und vorsichtig unterheben. Die Eiweißmasse in einen Spritzbeutel mit Sterntülle füllen und auf den Kuchen dressieren.

9. Den Kuchen in den auf 200 °C vorgeheizten Backofen schieben und das Baiser 10 Minuten goldgelb abflämmen.

10. Den Heidelbeer-Baiser-Kuchen aus dem Backofen nehmen, mit Puderzucker bestäuben, mit frischen Heidelbeeren verzieren und bis zum Verzehr kühl stellen.

Schneller Beerenkuchen

Für 12–14 Stücke:

2 Lagen heller Wiener Boden (26 cm Durchmesser, Fertigprodukt)

Außerdem:
1 Glas Himbeermarmelade
500 g frische Himbeeren
500 g frische Heidelbeeren
2 Päckchen Tortenguss klar
100 g leicht geröstete Mandelblättchen

1. Die Wiener Böden mit Himbeermarmelade bestreichen, zusammensetzen, auf eine Tortenplatte legen und mit einem Tortenring (26 cm Durchmesser) umschließen.

2. Die Himbeeren und die Heidelbeeren verlesen, waschen, gut abtropfen lassen und dekorativ auf dem Kuchen anrichten.

3. Den Tortenguss nach Packungsanweisung zubereiten, gleichmäßig auf den Beeren verteilen und den Guss im Kühlschrank vollständig fest werden lassen.

4. Den Himbeer-Heidelbeer-Kuchen aus dem Kühlschrank nehmen und den Tortenring entfernen.

5. Den Rand des Kuchens mit der restlichen Himbeermarmelade bestreichen und die gerösteten Mandelblättchen auf die Marmelade drücken.

6. Den schnellen Beerenkuchen bis zum Verzehr kühl stellen.

Likörkuchen mit Kirschen

(ohne Abbildung)

Für 12–14 Stücke:

2 Lagen heller Wiener Boden (26 cm Durchmesser, Fertigprodukt)
100 g Kirschmarmelade
50 ml Kirschlikör
1 Päckchen Vanillezucker
200 g Mascarpone
400 ml Sahne, 2 Päckchen Sahnesteif
300 g Belegkirschen
3 Blatt weiße Gelatine
250 ml Eierlikör
100 g gehobelte Mandeln
Kakaopulver zum Bestäuben

1. Die Wiener Böden mit Marmelade bestreichen, zusammensetzen, auf eine Tortenplatte legen und mit einem Tortenring (26 cm Durchmesser) umschließen.

2. Likör, Vanillezucker und Mascarpone glatt rühren. Die Sahne mit dem Sahnesteif steif schlagen und unter die Mascarponecreme heben.

3. Die Creme auf dem Boden glatt streichen. Die Belegkirschen darüber verteilen und in die Creme eindrücken. Den Kuchen im Kühlschrank durchkühlen lassen.

4. Die gewässerte Gelatine im erwärmten Eierlikör auflösen, diesen auf der Torte verstreichen und im Kühlschrank fest werden lassen.

5. Den Tortenring entfernen und den Rand der Torte mit Mandelblättchen überziehen. Verschieden große Herzausstecher ineinander auf die Torte stellen, leicht andrücken und mit Kakaopulver bestäuben. Die Herzausstecher entfernen und die Torte bis zum Verzehr kühl stellen.

SÜDFRUCHTSCHNITTEN

Für 12–14 Stücke:

Für den Rührteig:
150 g Butter
150 g Zucker
1 Päckchen Zitronenaroma
3 Eier
250 g Mehl
2 gestrichene TL Backpulver
50 g Kokosnussraspel
50 ml Milch

Außerdem:
Fett für die Form
Semmelbrösel zum Ausstreuen
3 Kiwis
1 Drachenfrucht
250 g Physalis
3 Päckchen Tortenguss klar

1. Die Butter mit dem Zucker und dem Zitronenaroma in eine Schüssel geben und schaumig schlagen. Die Eier einzeln nach und nach kräftig unterrühren.

2. Das Mehl mit dem Backpulver vermischen, auf die Eicreme sieben und mit den Kokosnussraspeln und der Milch unterrühren.

3. Eine Blechkuchenform fetten und mit Semmelbröseln ausstreuen. Den Teig einfüllen, glatt streichen und im auf 180 °C vorgeheizten Backofen 25–30 Minuten backen.

4. Den fertig gebackenen Boden aus dem Ofen nehmen und in der Form leicht erkalten lassen. Anschließend den Boden auf eine Tortenplatte setzen und vollständig auskühlen lassen.

5. Die Kiwis und die Drachenfrucht dünn schälen und die Früchte in mundgerechte Stücke oder Scheiben schneiden.

6. Die Physalis verlesen, waschen und mit den übrigen Früchten auf dem Boden dekorativ anrichten.

7. Den Tortenguss nach Packungsanweisung zubereiten, gleichmäßig über die Früchte verteilen und den Guss fest werden lassen.

8. Den Blechkuchen in Stücke schneiden, dekorativ anrichten und die Südfruchtschnitten bis zum Verzehr kühl stellen.

Landfrauenkuchen

Für 12–14 Stücke:

Für den Hefeteig:
300 g Mehl, 75 ml warme Milch
½ Würfel Frischhefe
75 g Zucker, 75 g Butter, 1 Ei

Außerdem:
Fett für die Form
2 Äpfel, 1 Dose Aprikosenhälften
50 g Zucker
1 Glas Aprikosenmarmelade
Puderzucker zum Bestäuben
150 g frische Himbeeren
150 g frische Heidelbeeren
Zitronenmelisseblättchen zum Verzieren

1. Das Mehl in eine Schüssel sieben und eine Mulde eindrücken. Die warme Milch in die Mulde geben und die zerbröckelte Frischhefe hineingeben.

2. Einen Teelöffel Zucker darüberstreuen und die Hefe zugedeckt an einem warmen Ort 10 Minuten gehen lassen.

3. Anschließend den restlichen Zucker, die weiche Butter und das Ei dazugeben und alles zu einem glatten, kompakten Hefeteig verarbeiten. Den Teig zugedeckt an einem warmen Ort zur doppelten Menge aufgehen lassen.

4. Ein Drittel des Teiges auf einer bemehlten Arbeitsfläche in der Größe einer Springform (26 cm Durchmesser) ausrollen, die Form ausfetten und den Teig hineinlegen.

5. Den restlichen Teig in drei Teile teilen und zu drei Strängen formen. Aus den Strängen einen Zopf flechten und diesen als Kuchenrand in die Form legen.

6. Die Äpfel schälen, entkernen und in Stücke schneiden. Mit den gut abgetropften und klein geschnittenen Aprikosen gleichmäßig auf dem Teigboden verteilen.

7. Mit Zucker bestreuen und den Kuchen zugedeckt an einem warmen Ort 30 Minuten gehen lassen. Anschließend den Kuchen in dem auf 180 °C vorgeheizten Backofen 35 Minuten backen.

8. Den fertig gebackenen Kuchen aus dem Ofen nehmen und in der Form leicht erkalten lassen. Anschließend den Springformrand entfernen und den Kuchen auf eine Tortenplatte setzen.

9. Die Aprikosenmarmelade erwärmen, durch ein Sieb streichen, den Kuchen damit bestreichen und vollständig erkalten lassen.

10. Den Landfrauenkuchen mit Puderzucker bestäuben, mit den verlesenen, gewaschenen und gut abgetropften Beeren belegen, mit Zitronenmelisseblättchen verzieren und bis zum Verzehr kühl stellen.

Kirsch-Streuselkuchen

Für 12–14 Stücke:

Für den Mürbeteig:
200 g Mehl, 50 g Speisestärke
1 Ei, 120 g Zucker
1 Päckchen Zitronenaroma
120 g Butter, Fett für die Form
Semmelbrösel zum Ausstreuen

Für die Füllung:
2 Gläser Schattenmorellen
100 g Zucker, 75 g Speisestärke
1 TL Zimtpulver

Für die Streusel:
150 g Mehl, 100 g Zucker
1 TL Zimtpulver, 1 Päckchen Vanillezucker, 100 g Butter

Außerdem:
Puderzucker zum Bestäuben
200 ml Sahne, 1 Päckchen Sahnesteif
2 TL Zucker
Kirschen und Zitronenmelisseblättchen zum Verzieren

1. Mehl und Speisestärke auf eine Arbeitsfläche sieben und eine Mulde eindrücken. Das Ei in die Mulde geben. Zucker und Zitronenaroma darüberstreuen und die Butter in Flöckchen daraufsetzen.

2. Das Ganze mit bemehlten Händen von außen nach innen schnell zu einem glatten, kompakten Teig verkneten. Den Teig in Klarsichtfolie wickeln und im Kühlschrank mindestens eine Stunde ruhen lassen.

3. Den Teig auf einer bemehlten Arbeitsfläche in der Größe einer Springform (26 cm Durchmesser) ausrollen, in die gefettete und mit Semmelbröseln ausgestreute Form legen und einen Rand hochdrücken.

4. Für die Füllung die Schattenmorellen über ein Sieb abgießen und den Saft dabei auffangen. 500 ml Saft abmessen und diesen mit dem Zucker in einem Topf erhitzen.

5. Den Kirschsaft mit der mit Wasser angerührten Speisestärke binden, 4–5 Minuten köcheln lassen und mit Zimtpulver verfeinern. Die Kirschen dazugeben, kurz erhitzen, vom Herd nehmen und erkalten lassen.

6. Das gesiebte Mehl mit Zucker, Zimtpulver, Vanillezucker und der weichen Butter zu Streuseln verarbeiten.

7. Die Kirschen auf dem Teig verteilen, die Streusel auf die Kirschen geben und den Kuchen in dem auf 180 °C vorgeheizten Backofen 50–60 Minuten backen.

8. Den Kuchen aus dem Ofen nehmen, in der Form leicht erkalten lassen, den Springformrand entfernen, den Kuchen auf eine Tortenplatte setzen und auskühlen lassen.

9. Den Kuchen mit Puderzucker bestäuben. Die Sahne mit Sahnesteif steif schlagen und auf den Kuchen dressieren. Den Kirsch-Streuselkuchen mit Kirschen und Zitronenmelisse verzieren und bis zum Verzehr kühl stellen.

Pfälzer Mandarinenkuchen

Für 12–14 Stücke:

Für den Mürbeteig:
300 g Mehl, 1 Ei, 175 g Zucker
1 Päckchen Zitronenaroma
175 g Butter
Fett für die Form
Semmelbrösel zum Ausstreuen

Für die Füllung:
9 Eigelb, 220 g Zucker
1 Päckchen Zitronenaroma
130 g Mehl, 800 g Speisequark
9 Eiweiß, 120 ml Milch
250 g erwärmte und wieder abgekühlte Butter
2 Dosen Mandarinenfilets

Außerdem:
Puderzucker zum Bestäuben
1 kleine Dose Mandarinenfilets

1. Mehl auf eine Arbeitsfläche sieben und eine Mulde eindrücken. Das Ei in die Mulde geben. Zucker und Zitronenaroma darüberstreuen und die Butter in Flöckchen daraufsetzen.

2. Das Ganze mit bemehlten Händen von außen nach innen schnell zu einem glatten, kompakten Teig verkneten. Den Teig in Klarsichtfolie wickeln und im Kühlschrank eine Stunde ruhen lassen.

3. Drei Viertel des Teiges auf einer bemehlten Arbeitsfläche in der Größe einer Springform (26 cm Durchmesser) ausrollen, den Teig in die gefettete und mit Semmelbröseln ausgestreute Form legen und einen kleinen Rand hochdrücken.

4. Den restlichen Teig ebenfalls auf einer bemehlten Arbeitsfläche ausrollen und 16 Monde ausstechen.

5. Für die Füllung die Eigelbe mit dem Zucker und dem Zitronenaroma in eine Schüssel geben und schaumig schlagen. Das gesiebte Mehl unterrühren, den Quark dazugeben und ebenfalls unterrühren.

6. Die Eiweiße zu steifem Schnee schlagen und unter die Quarkmasse heben. Zum Schluss die Milch, die flüssige Butter und die abgetropften Mandarinenfilets unterziehen.

7. Die Quarkmasse auf den Teigboden geben, glatt streichen und den Kuchen im auf 180 °C vorgeheizten Backofen 50–60 Minuten backen. Den fertig gebackenen Kuchen aus dem Backofen nehmen und in der Form leicht erkalten lassen. Den Springformrand entfernen, den Kuchen auf eine Tortenplatte setzen und vollständig auskühlen lassen.

8. Die Mürbeteigmonde auf ein mit Backpapier belegtes Backblech legen und im auf 180 °C vorgeheizten Backofen 10 Minuten backen. Die Monde aus dem Ofen nehmen, erkalten lassen und mit Puderzucker bestäuben.

9. Die Mürbeteigmonde mit den gut abgetropften Mandarinenfilets dekorativ auf der Pfälzer Mandarinentorte anrichten und den Kuchen bis zum Verzehr kühl stellen.

Johannisbeerkuchen mit Vanille-Schmand-Guss

Für 12–14 Stücke:

Für den Mürbeteig:
225 g Mehl
1 Eigelb
150 g Zucker
1 Päckchen Vanillezucker
125 g Butter
Fett und Semmelbrösel für die Form

Für die Füllung:
100 g gemahlene weiße Mandeln
750 g Johannisbeeren
100 g Zucker
1 TL Vanillearoma
250 g Schmand, 2 Eier
200 ml Sahne
1 TL Vanillearoma
1 Päckchen Vanillepuddingpulver

Außerdem:
Puderzucker zum Bestäuben
frische Johannisbeeren zum Verzieren

1. Das Mehl auf eine Arbeitsfläche sieben, eine Mulde eindrücken und das Eigelb hineingeben. Mit dem Zucker und dem Vanillezucker bestreuen und die Butter in Flöckchen daraufsetzen.

2. Das Ganze mit bemehlten Händen von außen nach innen schnell zu einem glatten, kompakten Teig verkneten. Den Teig in Klarsichtfolie wickeln und im Kühlschrank eine Stunde ruhen lassen.

3. Den Teig auf einer bemehlten Arbeitsfläche in der Größe einer Springform (26 cm Durchmesser) ausrollen, in die gefettete und mit den Semmelbröseln ausgestreute Form legen und einen kleinen Rand hochdrücken.

4. Die gemahlenen Mandeln gleichmäßig auf dem Mürbeteig verteilen.

5. Die Johannisbeeren verlesen, waschen, gut abtropfen lassen und auf dem Boden verteilen.

6. Den Zucker mit dem Vanillearoma vermischen und auf die Johannisbeeren streuen.

7. Den Schmand mit den Eiern, der Sahne, dem Vanillearoma und dem Vanillepuddingpulver in eine Schüssel geben, glatt rühren und das Ganze auf den Johannisbeeren verteilen.

8. Den Kuchen im auf 180–200 °C vorgeheizten Backofen 50 Minuten backen.

9. Den fertig gebackenen Kuchen aus dem Ofen nehmen und in der Form leicht erkalten lassen. Anschließend den Springformrand entfernen, den Kuchen auf eine Tortenplatte setzen und vollständig auskühlen lassen.

10. Den Johannisbeerkuchen mit Vanille-Schmand-Guss mit Puderzucker bestäuben, mit frischen Johannisbeeren verzieren und bis zum Verzehr kühl stellen.

REGISTER

garant Verlag GmbH

Benzstraße 56

71272 Renningen

www.garant-verlag.de

ISBN 978-3-86766-855-2

Erfahren Sie mehr!